Gottlob Egelhaaf
**Theobald von Bethmann Hollweg
der fünfte Reichskanzler**

SEVERUS
Verlag

**Egelhaaf, Gottlob:** Theobald von Bethmann Hollweg der fünfte Reichskanzler.
**Hamburg, SEVERUS Verlag 2011.**
**Nachdruck der Originalausgabe von 1916.**

ISBN: 978-3-86347-064-7
Druck: SEVERUS Verlag, Hamburg 2011

Der SEVERUS Verlag ist ein Imprint der Diplomica Verlag GmbH.

**Bibliografische Information der Deutschen Nationalbibliothek:**
Die Deutsche Nationalbibliothek verzeichnet diese Publikation in der Deutschen Nationalbibliografie; detaillierte bibliografische Daten sind im Internet über http://dnb.d-nb.de abrufbar.

© **SEVERUS Verlag**
http://www.severus-verlag.de, Hamburg 2011
Printed in Germany
Alle Rechte vorbehalten.

Der SEVERUS Verlag übernimmt keine juristische Verantwortung oder irgendeine Haftung für evtl. fehlerhafte Angaben und deren Folgen.

SEVERUS
Verlag

# Theobald v. Bethmann Hollweg
### der fünfte Reichskanzler
#### von
## Gottlob Egelhaaf

# Inhaltsübersicht.

|   |   | Seite |
|---|---|---|
| 1. | Vorfahren des Reichskanzlers. Seine Jugend und Familienverhältnisse . . . . . . . . . . . . | 3—9 |
| 2. | Amtliche Laufbahn bis zur Übernahme des Amtes als Reichskanzler. . . . . . . . . . . . . . . | 9—14 |
| 3. | v. Bethmann Hollweg als Reichskanzler: die innere Politik 1909—1914 . . . . . . . . . . . | 14—25 |
| 4. | v. Bethmann Hollweg als Reichskanzler: die auswärtige Politik 1909—1914 . . . . . . . . . | 25—28 |
| 5. | Der Reichskanzler beim Ausbruch des Weltkriegs . . | 28—33 |
| 6. | Der Reichskanzler im Weltkrieg . . . . . . . . | 33—40 |

## 1. Vorfahren des Reichskanzlers. Seine Jugend. Familienverhältnisse.

Wie schon der Name Bethmann Hollweg anzeigt, handelt es sich hier um eine Familie, welche ihre Wurzeln nach zwei Seiten hin verfolgt. Die Hollweg sind eine mitteldeutsche Familie, deren ältester nachweisbarer Angehöriger in Gießen als Glied der Schusterzunft ansässig war, aus der aber im Lauf der Zeit, indem sie sich emporarbeitete, Pfarrer und Juristen hervorgingen. Später verbanden sie sich (1780) durch Heirat mit den Bethmann, einer alten angesehenen christlichen Bankiersfamilie in dem Gießen benachbarten Frankfurt a. Main, und so nahmen sie den Namen Bethmann Hollweg an, unter Voranstellung des ersteren Namens, der weithin bekannt ist durch das Bethmann-Museum, das in Frankfurt dicht hinter dem Denkmal der 1792 gefallenen Hessen steht und dessen schönster Schmuck die 1809 geschaffene, auf einem Panther reitende Ariadne des Stuttgarter Bildhauers Dannecker (1758—1841) ist. In dem Landhaus der Bethmann brachte Napoleon I. seine letzte Nacht auf deutschem Boden zu (vom 31. Oktober bis 1. November 1813), und hieher wurde der Abgeordnete zur deutschen Nationalversammlung Fürst Felix Lichnowsky gebracht, nachdem er am Nachmittag des 18. September 1848 von einem entmenschten Volkshaufen in greulicher Weise auf den Tod verwundet worden war. Der Gründer der Familie Bethmann Hollweg, Johann Jakob Hollweg (1748 bis 1808), ward Geschäftsteilhaber und zweiter Leiter der alten Firma. Ihm schenkte seine Gattin Susanna Elisabeth geb. Bethmann (die fünfzehn Jahre jünger als er war und ihn dreiundzwanzig Jahre überlebte), am 8. April 1795 einen Sohn Moritz August (1795—1877), der bei dem berühmten Berliner Professor v. Savigny Rechtswissenschaft studierte und bereits 1823 ordentlicher Professor des Zivilrechts in Berlin wurde. Schon daraus ist ersichtlich, daß er ein ausgezeichneter

Jurist und großer Gelehrter war; eine Reihe seiner Werke werden zu den „ewigen Besitztümern" der Rechtswissenschaft gerechnet. Im Jahr 1829 erhielt Bethmann Hollweg auf seinen Wunsch einen Ruf nach Bonn, wo er bis 1842 als Professor, 1842—1848 als Kurator der Universität wirkte. Im Jahr 1832 erwarb er die Ruinen des Schlosses Rheineck bei Rheinbrohl, das 1785 fast ganz ausgebrannt war und ließ durch v. Lassaulx ein neues Schloß im Rundbogenstil aufführen; das Innere ward mit Werken der Kunst reich ausgeschmückt (so mit dem Gemälde „Heinrich IV. in Canossa" von Begas, Fresken von Steinle und einem marmornen Kruzifix von Achtermann). Da Beth= mann Hollweg so zu den großen Grundbesitzern der Rheinprovinz gehörte, erhob ihn Friedrich Wilhelm IV. 1840 in den Adelsstand. Er war konservativ und kirchlich gesinnt und wurde deshalb in die evangelische Provinzialsynode der Rheinprovinz und von dieser 1846 in die Generalsynode gewählt; auch berief ihn der ihm wohl geneigte König in den preußischen Staatsrat. Im Jahr 1848 betätigte er seine politische Gesinnung durch Gegnerschaft gegen die Revolution; aber als der König sich 1850 in Olmütz vor Österreich demütigte und ein Teil der preußischen Konservativen dies als eine rühmliche Tat wahrer politischer Weisheit und Charakterfestigkeit billigte, da vollzog sich in der Partei eine Spaltung, und im Gegensatz zur äußersten Rechten, deren Ansichten sich in der „Kreuzzeitung" aussprachen und die russenfreundlich war, bildeten v. Bethmann Hollweg, Graf Albert v. Pourtalès, Robert v. der Goltz, Mathis, Rudolf v. Auerswald, v. Gruner eine neue, der späteren freikonservativen Partei in manchem ähnliche Gruppe. Sie wollte nichts von dem Lehrsatz der „Solidarität der konservativen Interessen" wissen, demzufolge die Verteidigung der konservativen Grundsätze Preußens oberste Aufgabe und also sein, selbst durch Opfer zu erkaufender Anschluß an Öster= reich und Rußland unbedingtes Gebot sein sollte; vielmehr traten sie für die Hochhaltung der altpreußischen Überlieferungen ein, zu denen Preußens selbständige deutsche Politik, sein Gegensatz zu Österreich, die Lösung der deutschen Frage im Sinne eines engeren Zusammen= schlusses der außerösterreichischen Staaten unter Preußens Führung gehörte. Dieser deutsche Beruf Preußens schloß auch die Pflege ver= fassungsmäßiger Einrichtungen, also die Beibehaltung und Weiter= entwicklung der am 31. Januar 1850 von Friedrich Wilhelm IV. bestätigten preußischen Verfassung ein, die der äußersten Rechten ein Dorn im Auge war. Weil Rußland unter dem Regiment des

Zaren Nikolaus I. eine Zeit der absolutistischen, alle Verfassungen verwerfenden politischen Richtung war, betrachtete die Bethmann'sche Gruppe, deren Organ 1851—61 das „preußische Wochenblatt" war, „die Zerstücklung Rußlands, den Verlust der Ostseeprovinzen mit Einschluß von Petersburg an Preußen und Schweden, des Gesamtgebiets der Republik Polen und die Zersetzung des Überrestes durch Teilung zwischen Groß- und Kleinrussen" als das erstrebenswerte Ziel der deutschen Politik. So umschreibt Bismarck im fünften Kapitel seiner „Gedanken und Erinnerungen" das Programm der „Wochenblattspartei", und wie er überhaupt gegen sie aufs äußerste eingenommen ist, so wirft er ihr vor, daß sie die schwierigen Fragen nicht bis ans Ende durchgedacht und einen windigen Bau aufgeführt habe. Von den damaligen Verhältnissen aus wird man das Recht dieser Kritik nicht bestreiten können: noch bestand zwischen Preußen und Rußland ein starkes politisches Band; aber niemand hat schärfer als Bismarck eingesehen und betont, daß „die einzige Bürgschaft für die Dauer der russischen Freundschaft die Persönlichkeit des regierenden Kaisers sei" (29. Kapitel der „Gedanken und Erinnerungen", II 274 der Volksausgabe). Insofern kann man den Männern, welche in dem russischen Koloß eine furchtbare Gefahr für Deutschland und Europa sahen und seine Zertrümmerung für geboten erachteten, einen gewissen Scharfblick in die Zukunft nicht absprechen. Heute jedenfalls ist ihr Programm auch das der Nation, und soweit das Waffenglück es irgend gestattet, muß die Verkleinerung des auf Europa lastenden Ungetüms angestrebt werden. Aus der Gegnerschaft gegen Rußland ergab sich aber, so wie die Dinge damals lagen, das Zusammengehen mit England als dem entschiedenen Gegner Rußlands auf der ganzen Front. Bismarck macht der „Wochenblattspartei" im 19. Kapitel der „Gedanken und Erinnerungen" (II 29) auch den Vorwurf, daß sie eine Streberfraktion gewesen sei, d. h. daß es ihr vor allem um Ministerposten zu tun gewesen sei. Bismarck ist aber überhaupt geneigt, bei seinen Gegnern — denn er vertrat das Zusammengehen mit Rußland — das Vorwalten persönlicher Beweggründe vorauszusetzen; im ganzen wird jede Partei, welche ernste Grundsätze hat, auch darnach streben müssen, in den Besitz der Macht zu gelangen; denn sie glaubt doch, daß ihre Ansichten richtig seien und diese zum Wohl des Vaterlandes durchgesetzt werden sollten. Die Fraktion hatte auch, wie Bismarck ebenda selbst bezeugt, bei der Prinzessin Augusta und dem Prinzen Wilhelm, dem voraussichtlichen

Thronfolger, großen Einfluß, und als der Prinz im Oktober 1858 an Stelle seines schwer erkrankten Bruders die Regentschaft übernahm, bildete er ein Ministerium „der neuen Ära", das im wesentlichen auf dem Standpunkt der Wochenblattspartei stand, und v. Bethmann Hollweg, der 1852—55 Mitglied des Abgeordnetenhauses gewesen war, erhielt selbst das Ministerium des Kultus und Unterrichts. Er führte es über drei Jahre, bis zum Frühjahr 1862, allerdings ohne sich großen Dank verdienen zu können, da er weder der Rechten noch der Linken Genüge tat. Sein Rücktritt erfolgte aber nicht aus Gründen kirchenpolitischer Art, sondern infolge des bekannten Streites, der zwischen dem König und dem Abgeordnetenhause über der Frage der Reorganisation des preußischen Heeres entstand; das Ministerium der neuen Ära nahm teils an der Reorganisation selbst Anstoß, teils wollte es sie nicht auf dem Weg verfassungsmäßig bedenklicher Maßnahmen durchführen. v. Bethmann Hollweg mißbilligte Bismarcks Politik, welche darauf gerichtet war, die Reorganisation auch gegen das Abgeordnetenhaus aufrecht zu erhalten und selbst vor der Regierung ohne Budget nicht zurückschreckte, und als der kühne Staatsmann es unternahm, die deutsche Frage durch einen Krieg mit Österreich zu lösen, richtete v. Bethmann Hollweg, wie wir aus Kapitel 19 der „Gedanken und Erinnerungen" ersehen, am 15. Juni 1866 ein Schreiben an den König, worin er zwar Bismarcks konservative Gesinnung, seine Kühnheit und sein Geschick anerkannte, ihm aber die Besonnenheit und Folgerichtigkeit des Denkens abstritt, ihn zum Leiter des Staats infolge davon als ungeeignet bezeichnete und ihn beschuldigte, daß er den König vor dem Land bloß gestellt und durch eine ränkevolle Politik das Vertrauen anderer Mächte verscherzt habe; deshalb bezeichnete er seine Entlassung als unerläßlich. Glücklicherweise hat der König diesen verfehlten Rat nicht befolgt, und Bismarck zeigte bald aller Welt, daß er im Gegenteil der einzige Mann war, der Deutschland einig zu machen verstand. v. Bethmann Hollweg war politisch seitdem nicht mehr tätig, sondern widmete sich wissenschaftlichen Arbeiten und kirchenpolitischen Aufgaben: Er hat 1848 den „evangelischen Kirchentag" gegründet, der die evangelischen Kirchen Deutschlands zusammenfassen sollte und starb im Alter von 82 Jahren auf seinem Schloß Rheineck am 15. Juli 1877.

Sein Sohn Felix bewirtschaftete das ihm gehörige Gut Hohenfinow in der Mark Brandenburg und galt als sehr tüchtiger Landwirt, der selbst eine Forellenzucht anlegte, und als strenger, aber gerechter

Gutsherr; eine politische Rolle hat er nie gespielt, wohl aber war er
Landrat des Kreises Freienwalde, in dem sein Gut lag. Er heiratete
eine Schweizerin, Isabella de Rougemont, die als heitere, liebens=
würdige und als äußerst sorgliche Hausfrau geschildert wird; von
den Dorfbewohnern ward sie nur „unsere Mutter" genannt. Sie
gebar ihrem Gemahl am 20. November 1856 auf Schloß Hohen=
finow einen Sohn, der in der Taufe den Namen Theobald er=
hielt. Den ersten Unterricht empfing er durch Hauslehrer; manche
Woche verlebte er bei den Großeltern auf Schloß Rheineck. Später
ward er mit seinem Bruder dem Gymnasium Schulpforta bei Naum=
burg in der Provinz Sachsen übergeben, das zu den drei einst von
Herzog Moritz von Sachsen gestifteten Fürstenschulen (neben Grimma
und St. Afra in Meißen, Lessings Lehrstätte) gehörte und dessen
Schüler in einem Hausverband zusammenleben. Schulpforta hat
unter den höheren humanistischen Schulen Deutschlands einen be=
sonders klangvollen Namen und hat eine lange Reihe berühmt ge=
wordener Schüler gebildet; deshalb pflegen die, welche durch seine
Schule gegangen sind, mit Stolz zu sagen: „Portanus sum", „ich bin
einer von Pforta". v. Bethmann Hollweg hat die humanistische
Bildung mit ganzem Eifer in sich aufgenommen und gehört zu den
überzeugtesten Anhängern dieser Bildungsweise; es hängt damit zu=
sammen, daß er sich besonders in Goethes Werke vertiefte und aus
ihnen reichste geistige Anregung und Richtungslinien für sein ganzes
Denken schöpfte. Dagegen wäre es irrig, wenn man ihm eine be=
sondere Neigung für philosophische Studien zuschreiben wollte, was
manche seiner späteren Beurteiler getan haben, indem sie ihn gerade=
zu einen Philosophen nannten; er ist vielmehr eine überwiegend
praktische Natur, allerdings mit einer ausgesprochenen Neigung, die
Dinge nicht oberflächlich, sondern gründlich zu nehmen. Die Reife=
prüfung erstand er 1875 mit gutem Erfolg und unternahm dann mit
einem Freunde seines Vaters eine Reise nach Italien, wobei er mit
Vorliebe Goethes Spuren folgte; sie führte ihn über Florenz und
Rom bis nach Süditalien. Nach der Rückkehr diente er sein Ein=
jährigenjahr in Straßburg beim 15. Ulanen=Regiment ab und studierte
darauf in Straßburg, dessen alte Universität, in der französischen
Revolution aufgehoben, 1872 vom deutschen Reich hergestellt worden
war, die Rechtswissenschaft; später setzte er seine Studien in Leipzig
und Berlin fort. Als diejenigen Professoren, welche ihm den tiefsten
Eindruck hinterließen, hat er mir selbst den Pandektisten Windscheid

und den klaſſiſchen Darſteller des Zivilprozeſſes Wach, ſowie den Kunſthiſtoriker Anton Springer nennen laſſen. Die Staatsprüfung legte er in Berlin ab und ward dann Referendar beim Berliner Kammergericht und beim Amtsgericht in Frankfurt an der Oder. Im Jahr 1882 trat er in den Verwaltungsdienſt, ward 1884 Regierungs= Aſſeſſor in Potsdam und wurde 1886 zum Nachfolger ſeines Vaters im Amt eines Landrates von Freienwalde erwählt. Als damals eine Brauerei in Flammen geriet und ſechs junge Leute, welche Rettungs= arbeiten tun wollten, in dem zuſammenſtürzenden Gebäude in höchſter Lebensgefahr ſchwebten, hat v. Bethmann Hollweg ſelbſt die Pumpe bedienen helfen, welche das Feuer löſchen und den Gefährdeten den Ausweg frei machen ſollte.

Er war 32 Jahre alt, als er ſich 1898 mit Martha von Pfuel auf Wilkendorf, deren Mutter eine Gräfin Reventlow aus Holſtein war, vermählte; er gewann an ihr eine Lebensgefährtin voll Herzensgüte und Nächſtenliebe. Aus der Ehe entſproſſen drei Kinder, zwei Söhne, von denen einer Auguſt Friedrich (geb. 4. Juni 1890) am 9. Dezem= ber 1914 den Heldentod in Rußland ſtarb, der zweite Auguſt Felix (geb. 20. Januar 1898) noch im Heer ſteht, und eine Tochter Iſa (geb. 7. Dezember 1894), welche ſich am 5. Juli 1915 mit dem Legations= ſekretär Grafen v. Zech=Burkersroda vermählte. Martha v. Bethmann iſt den Ihrigen nicht lange vor Kriegsausbruch, am 11. Mai 1914, entriſſen worden; der Schlag war ſchwer, vermochte aber die Berufstreue des nunmehr Vereinſamten nicht zu erſchüttern, wie bald die gewaltigen Ereigniſſe zeigen ſollten.

## 2. Amtliche Laufbahn bis zur Übernahme des Amtes als Reichskanzler.

Im Jahr 1890 wurde v. Bethmann Hollweg von dem Wahl= kreis Ober=Barnim in den Reichstag gewählt, wo er ſich der frei= konſervativen Fraktion („Reichspartei") anſchloß. 1896 wurde er Rat im Oberpräſidium zu Potsdam, 1899 Regierungspräſident zu Bromberg, wo er die ſchwierigen Verhältniſſe der Oſtmark gründlich kennen lernte, und 1900 Oberpräſident der Provinz Brandenburg. Ende März des Jahres 1905 übernahm er auf Wunſch des preußiſchen Miniſterpräſidenten, des Reichskanzlers Fürſten Bülow, nach dem plötzlichen Tode des Freiherrn Hans v. Hammerſtein das Mini= ſterium des Innern. In dieſer Stellung rechtfertigte er am 13. Januar

1906 den von dem polnischen Abgeordneten Jazdzewski getadelten **Ersatz bisher polnischer Ortsnamen durch deutsche** damit, daß die betreffenden Gemeinden selbst diese Neuerung gewünscht hätten. Am 23. März 1906 hatte er die Aufgabe, eine kleine Verbesserung des für den preußischen Landtag geltenden **Dreiklassenwahlrechts** im Abgeordnetenhaus zu empfehlen, wobei er im Gegensatz zu der Sozialdemokratie und der freisinnigen Partei die Annahme des allgemeinen gleichen Wahlrechts in Preußen ablehnte und erklärte: „In dem Streben der Schwachen des Volkes, emporzustreben, erblicke ich ein großes, vielleicht das größte und edelste Gesetz der Menschheit, und an der Verwirklichung dieses Gesetzes mitzuarbeiten muß auch für jeden Starken ein Stolz sein. **Aber dieses Streben darf nicht den alleinigen Inhalt unseres Lebens bilden.** Parallel muß das Streben gehen, die besten und edelsten Kräfte zu Führern des Lebens zu machen. Wenn man nach einer Erklärung trachtet, warum die religiösen Dinge unsere Zeit so innerlich aufregen; wenn man sieht, wie unsere Philosophie langsam, aber allmählich den großen Aristokraten des Geistes, Kant, erkannt hat, wie unsere Naturphilosophie weniger Wert zu legen beginnt auf den Anfangspunkt als auf die Gewißheit, daß man immer wieder zu Höherem aufsteigen muß: ist es dann wirklich ein Zeichen von Schwärmerei, wenn man sagt, daß die Kräfte, welche für unsere Nation bestimmend sind, nicht die Höhe gleich machen, sondern zu immer Höherem hinaufsteigen? Es gibt noch Kräfte, welche sich mit Unwillen abwenden von den Auswüchsen einer Bewegung, welche schließlich alles Menschliche zu vernichten trachtet, weil ihr nichts Menschliches heilig ist, weil sie keine Achtung vor den ewigen Gesetzen der Liebe und Treue zum Stamm ihres Volkes hat, vor dem gemeinsamen Herde und vor allem, was unser Haus beherbergt, die nichts wollen als ihre Macht etablieren auf den Fundamenten des Hasses und des Terrorismus. Es bestehen in unsrem Volk noch Kräfte, welche dieses Treibens satt sind, und diesen Kräften wird unsere Zukunft gehören." Diese Worte sind formell wie inhaltlich für den Mann bezeichnend; er ist voll Sympathie mit den emporstrebenden unteren Schichten, aber ein Gegner jeder Gleichmacherei, und er ist voll guten Vertrauens, daß die aristokratischen Elemente auch in sozialer Hinsicht nicht versagen werden. Am 12. Mai 1906 rechtfertigte der Minister die **Ausweisung von Russen**, welche infolge der 1905 in Rußland ausgebrochenen Revolution sich nach Preußen geflüchtet hatten, weil es sich dabei um wirtschaftlich nicht gesicherte und zum Teil auch verdächtige Leute handle; es sei aber keine rauhe, sofortige Ausweisung aus Preußen erfolgt; vielmehr habe man den Betreffenden den Rat gegeben, sich nach einem anderen Aufenthalt umzusehen, und ihnen nicht einmal eine Frist gesetzt, so daß sie Zeit hätten, den Rat zu befolgen. Am 16. Mai 1906 legte v. Bethmann Hollweg dem Landtag ein Gesetz vor, welches den Zugang zum höheren **Verwaltungsdienst** neu regelte und namentlich die Annahme von Referendaren den Regierungspräsidenten zuwies, welche diese Sache besser erledigen könnten als das Ministerium. Den Konservativen, welche die Art, wie den Reichstagsabgeordneten durch Gesetz vom Mai 1906 **Tagegelder** gewährt wurden, als einen Verstoß gegen die preußische Verfassung bezeichneten, trat er am 29. Mai entgegen und warnte davor, den Bundesrat von den einzelnen Landtagen abhängig zu machen.

Infolge des Zusammenstoßes der verbündeten Regierungen mit der aus Zentrum und Sozialdemokratie bestehenden Mehrheit des Reichstages und der Niederlage dieser Mehrheit bei den Wahlen vom 25. Januar 1906 mußte der hochverdiente Staatssekretär des Innern, Graf Posadowsky-Wehner, am 24. Juni 1907 zurücktreten, und v. **Bethmann Hollweg übernahm sein Amt.** In dieser Eigenschaft lag ihm vor allem die Fortführung der Sozialreform ob, der er, wie wir oben sahen, innerlich durchaus ergeben war. Als am 22. und 23. Oktober 1907 **der zweite Kongreß der christlich-nationalen Arbeiter** in Berlin tagte (der erste war 1903 gehalten worden), sprach der neue Staatssekretär zur Begrüßung die bezeichnenden Worte: „ich kenne keine größere Aufgabe der gegenwärtigen Zeit, **als die Arbeiterbewegung unserer Tage einzuordnen in die gesellschaftliche Ordnung.**" Also nicht diese Bewegung niederzuhalten galt es ihm oder gar sie zu unterdrücken, wohl aber sie in gesetzlichen Bahnen zu halten und sie mit der gesellschaftlichen Ordnung auszusöhnen, der die Sozialdemokratie Kampf bis aufs Messer geschworen hatte. Da die christlich-nationalen Arbeiter sich das Ziel gesteckt hatten, ihre (freilich sehr bestimmten und weitgehenden) Wünsche innerhalb der bestehenden gesellschaftlichen und staatlichen Ordnung zu erreichen, so war es durchaus geboten, daß die Regierung versuchte, mit ihnen zusammenzuarbeiten, obschon der Kongreß sich mit auffallender Schärfe gegen die sogenannten „gelben Gewerkschaften" wandte, welche von den Unternehmern gegründet oder doch von ihnen abhängig seien und höchstens Wohltaten bieten könnten, nicht aber gesicherte Arbeiterrechte. v. Bethmann Hollweg betonte in einer Sitzung des Zentralverbandes deutscher Industrieller vom 28. Oktober die Notwendigkeit einer entschlossenen Fortsetzung der Sozialpolitik und kündigte am 2. Dezember 1907 im Reichstag eine Novelle zur Gewerbeordnung, ein Gesetz über Arbeitskammern, über Sonntagsruhe im Handelsgewerbe, über Verbesserung des Arbeiterversicherungswesens, ein Wein- und ein Scheckgesetz an. Überdies ward, den Wünschen der Linken gemäß, welche seit dem 13. Dezember 1906 mit der Rechten im sogenannten B l o c k zusammen war, ein R e i c h s v e r e i n s g e s e t z ausgearbeitet, das in § 7 den Gebrauch der deutschen Sprache in öffentlichen Versammlungen unbedingt vorschrieb. Der Staatssekretär bekannte sich am 4. April 1908 im Reichstag offen als den eigentlichen Urheber dieses Paragraphens; es sei nicht wahr, daß er dabei einem Druck des oben erwähnten Zentralverbandes gefolgt sei, der damit nach weitverbreiteter Meinung die polnischen Sozialdemokraten in Westfalen habe treffen wollen. Übrigens erhob er keinen Widerspruch, als der Reichstag den Paragraphen dann einigermaßen milderte. Vor allem aber galt seine Arbeit dem großen Werk einer Durchsicht des gesamten, allmählich ungeheuer angewachsenen und vielfach nicht recht zusammenhängenden A r b e i t e r v e r s i c h e r u n g s w e s e n s ; auf sein Betreiben berief der Reichskanzler auf den 28. Oktober eine Konferenz zu diesem Zweck, die von Vertretern der Berufsgenossenschaften, der Landesversicherungsanstalten und der Arbeiter beschickt war. Als am 11. November 1908 auf der Zeche Radbod 360 Arbeiter durch schlagende Wetter getötet wurden, erhob die Sozialdemokratie die Anklage grober Fahrlässigkeit gegen die Zechenverwaltung; der Staatssekretär bestritt aber am 24. November die Richtigkeit dieses Berichts und glaubte feststellen zu müssen, daß nur unberechenbare und unwiderstehliche Naturgewalten das entsetzliche Unglück veranlaßt hätten. Bei der Beratung über die Anträge auf A b ä n d e r u n g d e r R e i c h s v e r f a s s u n g , welche durch den auf den Kaiser zurückgehenden Artikel des Daily Telegraph vom 28. Oktober 1908 verursacht waren, lehnte v. Bethmann Hollweg am 2. Dezember jede Stellungnahme der Regierungen bis dahin ab, wo feste Beschlüsse des Reichstags vorliegen würden; die Sache verlief aber im Sande. Mittlerweile hatte der Staatssekretär ein Gesetz über B i l d u n g von Arbeiterkammern ausgearbeitet, welches er am 15. Januar 1909 dem Reichstag zur Annahme empfahl. Der Staat verfolgte nach seinen Darlegungen den Zweck, die Ursachen der wirtschaftlichen Kämpfe zu beseitigen, ihre Formen zu mildern und auf eine möglichst schnelle Beilegung der Kämpfe hinzuwirken. Ein Mittel zu diesem Friedenswerk sollten paritätische, d. h. aus Arbeitern und Arbeitgebern gebildete Kammern sein, in welchen beide Teile Gelegenheit hätten, sich gegeneinander auszusprechen. Imparitätische, einseitig zusammengesetzte Kammern würden nichts nützen, da sie notwendig einseitig urteilen würden. Der Redner hatte dabei den Mut, es offen auszusprechen, daß bedauerlicherweise das Großunternehmertum im Reichstag wohl nicht diejenige Vertretung habe, welche ihm gemäß seiner Bedeutung für das gesamte wirtschaftliche und staatliche Leben zukomme; wäre es stärker vertreten, so würde es sich mit den Vertretern der Arbeiter auseinandersetzen können und wohl dem Gedanken der Arbeiterkammern nicht so abgeneigt sein. „Man wird wegen dieser Äußerung weidlich über mich herziehen, das alte Märchen von meiner Abhängigkeit vom Zentralverband wieder aufwärmen: ich nehme das ruhig hin." Mit den Arbeiterfragen hingen zusammen Klagen über die Handhabung des neuen Vereinsgesetzes durch die Polizei, worüber der Staatssekretär sich am 21. Januar 1909 dahin aussprach, daß nur in 3 Fällen die höheren Behörden angerufen worden seien, und über die sogenannten schwarzen Listen, welche die Fabrikanten über mißliebige Arbeiter und Privatangestellte führten und einander mitteilten; dadurch wurde natürlich das Fortkommen des Betreffenden erschwert. Der Staatssekretär erwiderte, daß vor allem solche, welche ihre vertraglichen Verpflichtungen leichtfertig brächen, auf die schwarzen Listen kämen; der Vertragsbruch werde leider sehr leicht genommen, und Druck erzeuge immer Gegendruck; die Unternehmer halten sich für berechtigt, die Zugehörigkeit zu gewissen Vereinen zu erschweren. Er habe aber mit dem Zentralverband in Essen verhandelt und das Versprechen erhalten, daß in Zukunft ganz allgemein jedem mitgeteilt werden solle, warum und seit wann er auf die schwarze Liste gesetzt sei; diese sollten also — was besonders erbitternd wirkte — nicht mehr geheim sein.

Im Jahr 1909 lehnte die aus Konservativen und Zentrum bestehende Mehrheit des Reichstags die von den Regierungen beantragte Steuer auf Erbschaften auch für Eltern und Kinder ab und ersetzte den dadurch eintretenden Einnahmeausfall durch Steuern auf den Verkehr. Darüber nahm der Reichskanzler Fürst Bülow seine Entlassung, und am 10. Juli erklärte v. Bethmann Hollweg im Namen des Bundesrats, daß dieser den Beschlüssen des Reichstags zustimme, damit die nun seit Jahren auf Finanzen, Gewerbe und Verkehr lastende Unsicherheit beseitigt werde, nicht durch einen Ausblick in die Zukunft (wie ihr die Linke im Fall ihres Siegs bei den nächsten Wahlen eröffnete), sondern durch eine Tat in der Gegenwart. Das war realpolitisch gesprochen, und so bedauerlich auch der Fall der Erbschaftssteuer war, so hat doch die Folgezeit bewiesen, daß mit den neuen Steuern, mochten sie auch lästig sein, auszukommen war. Bülows Rücktritt ward am 14. Juli 1909 bekannt gegeben, und am gleichen Tag erfolgte **die Ernennung v. Bethmann Hollwegs** zum Reichskanzler, Präsidenten des preußischen Staatsministeriums und Ministers der auswärtigen Angelegenheiten; das Staatssekretariat des Innern übernahm der bisherige preußische Handelsminister Clemens Delbrück.

## 3. v. Bethmann Hollweg als Reichskanzler: die innere Politik 1909—1914.

Diese Ernennung erfolgte zunächst im Hinblick auf die Erfordernisse der inneren Politik. Die schweren und verantwortungsreichen Aufgaben der äußeren Politik, die Herr v. Bethmann Hollweg während seiner Kanzlerschaft zu lösen haben sollte, waren damals dem Blick noch gutenteils verschleiert. Zunächst war die Zeit voll von innerpolitischem Sturm und Drang, für dessen Beschwichtigung gerade Herr v. Bethmann Hollweg mit seiner langjährigen Erfahrung in den Verwaltungsgeschäften Preußens und des Reiches, mit seiner parlamentarischen Sicherheit, mit der staatsmännischen Überlegenheit und abwägenden Unparteilichkeit seines politischen Urteils als der gegebene Mann erscheinen mußte. Es galt, den Streit und Hader der Parteien zu dämpfen und ihr Zusammenarbeiten zum Wohl des Reichs aufs neue zu ermöglichen. Dazu gehörte große Geduld, die Gabe abzuwarten und die Dinge von innen heraus reifen zu lassen. In der Tat ist es ein wesentlicher Charakterzug v. Bethmann Hollwegs, daß er von echt brandenburgischer Zähigkeit ist und die Losung hat: Schwierigkeiten sind nicht dazu da, daß man vor ihnen zurückweicht, sondern daß sie überwunden werden. Es ist sehr kennzeichnend, daß er am 16. Februar 1910 im deutschen Landwirtschaftsrat sagte: „Was der Landwirt in seinem Beruf jahraus jahrein üben muß, Unverdrossenheit, Ausdauer und Geduld, d a s   i s t   a u c h   m i r   n ö t i g   w i e   d a s   t ä g l i c h e   B r o t. Zwischen Saat und Ernte liegt auch in der Politik eine lange Zeit, und wer bei schlechtem Wetter gleich das Vertrauen verlieren wollte, der taugt zum S t a a t s m a n n  s o  w e n i g  w i e  z u m L a n d w i r t."

Zunächst hatte v. Bethmann Hollweg einige Monate Zeit, sich in den neuen Verhältnissen zurechtzufinden, da der Reichstag nach Erledigung der Finanzreform nach Hause gegangen war. Erst im Dezember eröffnete er wieder seine Tätigkeit, und am 9. Dezember entwickelte der neue Leiter der deutschen Politik v o r  d e r  V o l k s = v e r t r e t u n g  d i e  G r u n d g e d a n k e n, von denen aus er seine Aufgabe lösen wollte. „Gewiß, zum Leben jeder Nation gehört der politische Kampf. Aber keine Nation verträgt es auf die Dauer, durch sensationell zugespitzte Streitigkeiten in Atem gehalten zu werden. Meine Herren, e s  g i b t  e i n e n  Z u g  z u m  S c h a f f e n, den die Volksgemeinschaft einem jeden ihrer Glieder auferlegt, und die Gewißheit, daß dieser Zwang auch die gegenwärtigen Irrungen und Meinungen überdauern wird." Zur Teilnahme an diesem gemeinsamen, auf das öffentliche Wohl gerichtete Schaffen lud der Reichskanzler nachdrücklich alle Parteien ein; dann, so war seine Hoffnung, werde allmählich die kochende Erbitterung der Gemüter sich legen und das Bewußtsein gemeinsamer Pflichten den Sieg über den unbändigen Parteigeist davon tragen.

Diese Ankündigung einer rein auf die Sache gerichteten Politik wurde anfangs von der öffentlichen Meinung sehr ungnädig aufgenommen und als Äußerung eines Staatsmannes bezeichnet, welcher offenbar in den Wolken schwebe und die wirklichen Verhältnisse nicht begreife; ein Zusammengehen der so eben in anscheinend unheilbarem Bruch entzweiten Parteien zu irgend einer gemeinsamen Arbeit schien undenkbar. Der weitere Verlauf der Dinge hat aber dargetan, daß das Urteil des Reichskanzlers das Richtige getroffen hatte. Der innerpolitische Heilungsprozeß, den herbeizuführen Herr v. Bethmann Hollweg sich zum Ziele setzte, hat sich zwar langsam, aber so günstig entwickelt, wie man es kaum hatte hoffen dürfen. Unter einem wachsenden Druck von außen ist das zum Teil politisch zerrissene deutsche Volk nationalpolitisch zusammengewachsen, schließ=

lich durch den Krieg zu einem Volk von Brüdern zusammengeschweißt worden.

Freilich der erste Versuch zu positiver, schaffender Arbeit, der auf eine **Reform des preußischen Landtagswahlrechts** gerichtet war, schlug fehl. In Preußen besteht seit 1849 das sogenannte Dreiklassenwahlrecht, wonach zwar alle Preußen das Recht zur Wahl von Abgeordneten besitzen, aber nicht das gleiche Recht; vielmehr teilt das Gesetz vom 21. Mai 1849 alle Preußen nach der Gesamtleistung eines jeden an direkten Staats-, Kreis- und Gemeindesteuern in drei Klassen. Die, welche das erste Drittel der Steuern bezahlen, die Höchstbesteuerten, bilden die erste Klasse; die, welche das zweite Drittel aufbringen, die zweite, alle übrigen (und zwar auch alle die, welche gar keine direkte Steuer entrichten) die dritte Klasse. Jede Klasse wählt in öffentlicher Abstimmung die gleiche Zahl von Wahlmännern (auf 250 Seelen einen); dann treten alle Wahlmänner zusammen und wählen nach einfacher Mehrheit, auch in öffentlicher Abstimmung, den Abgeordneten des Wahlkreises. Es besteht also in Preußen bis heute das allgemeine, aber ungleiche, öffentliche und indirekte Wahlrecht (während im Reich das allgemeine, gleiche, geheime und direkte Wahlrecht eingeführt ist). Es liegt auf der Hand, daß dieses Wahlrecht den Reichen, die an Zahl weniger sind, denselben Einfluß auf das Wahlergebnis gewährt, wie den Armen, deren Zahl sehr groß ist; die Entscheidung liegt schließlich bei der mittleren Schicht, deren Zahl kleiner als die der Armen und größer als die der Reichen ist. Die Sozialdemokratie feindete das Dreiklassenwahlrecht aufs heftigste an, weil es die große Masse politisch rechtslos mache; in der Tat gelang es den Sozialdemokraten erst bei der Wahl vom 16. Juni 1908 in das preußische Abgeordnetenhaus und nur sieben Mann hoch einzuziehen. Auch die liberalen Parteien und das Zentrum stellten sich auf den Standpunkt, daß das bestehende Wahlrecht unbillig sei; die freisinnige Volkspartei (wie die Fortschrittler 1893—1910 sich nannten) und das Zentrum forderten gleich den Sozialisten das allgemeine Wahlrecht wie im Reich; die Nationalliberalen waren dafür, daß man das Dreiklassenwahlrecht durch das sogenannte Mehrstimmenrecht ersetze (wie es in Sachsen seit 1909 besteht); darnach sollten Wähler, welche höheren Besitz oder höhere Bildung nachweisen konnten, etwa zwei oder drei Stimmen abgeben dürfen. v. Bethmann Hollweg ließ, um das Versprechen seines Vorgängers vom 10. Januar 1908 einzulösen, und weil er nach seiner Rede vom 10. Februar 1910 im Abgeordnetenhaus „Überlebtes nicht versteinern und Preußen im Zusammenhang mit der ganzen deutschen Entwicklung erhalten" wollte,

Phot. Nicola Perscheid, Berlin.
Reichskanzler von Bethmann Hollweg in feldgrauer Uniform.

dem Landtag eine Gesetzesvorlage unterbreiten, nach der die Wahl direkt (also durch die Wähler selbst) und öffentlich erfolgen sollte; die Wähler sollten aber nach wie vor in drei Abteilungen getrennt abstimmen und der Kandidat als gewählt gelten, der, indem das

Ergebnis der Abstimmung durch 3 geteilt werde, über 50 % der Stimmen auf sich vereinige. Wenn also ein Kandidat in der ersten Abteilung 80, in der zweiten 60, in der dritten 15 % der Stimmen erhielt, so hatte er vermöge der Formel $\frac{80+60+15}{3} = 51{,}6\,\%$ der Stimmen, war also gewählt. Außerdem sollten Steuerleistungen, die über 5000 Mark hinausgingen, nicht in Anrechnung gebracht werden, wodurch die 13 000 reichsten Preußen ihrer bisher in der ersten Abteilung Ausschlag gebenden Stellung verlustig gehen mußten. Drittens sollte Bildung, gereifte Berufserfahrung und verdienstvolle öffentliche Tätigkeit dadurch gewürdigt werden, daß der, auf den eine dieser Voraussetzungen zutraf, in die nächst höhere Wählerklasse aufrücken sollte; wer also nach seinem Steuersatz der dritten Klasse angehörte, konnte vermöge einer jener Eigenschaften in die zweite eintreten, bezw. in die erste. Gewiß blieb dieser Vorschlag hinter der Forderung des allgemeinen gleichen Wahlrechts weit zurück; auch hielt er die öffentliche Stimmabgabe aufrecht, und v. Bethmann Hollweg sprach am 6. Februar 1910 denen gegenüber, welche auf die Abhängigkeit vieler Wähler bei der öffentlichen Stimmabgabe hinwiesen, offen aus, daß unser ganzes öffentliche Leben sich aus Abhängigkeiten zusammensetze und diejenigen Abhängigkeiten, welche des Lebens Notdurft schaffen, nach Bismarcks Ausdruck gottgegebene, also von Menschen gar nicht aufhebbare Abhängigkeiten seien. Der Reichskanzler war der bestimmten Überzeugung, daß die Annahme des allgemeinen gleichen Stimmrechts in Preußen sich nicht rechtfertigen lasse, daß dem allgemeinen gleichen Wahlrecht im Reich ein Gegengewicht durch das Wahlrecht in Preußen gegenüber stehen müsse, und der Behauptung, daß das bestehende Wahlrecht die Stimmung der Volksmassen nicht zum Ausdruck gelangen lasse, stellte er den Hinweis darauf entgegen, daß von den 1903 gewählten 433 Abgeordneten 356 auch in der dritten Abteilung der kleinen Leute die Mehrheit erlangt hätten; nur 77, also ein schwaches Sechstel, seien von den zwei oberen Abteilungen allein durchgesetzt. Es konnte nicht bezweifelt werden, daß der Vorschlag der Regierung zwar das Dreiklassenrecht an sich nicht beseitigte, wohl aber seine Härten sehr wesentlich milderte. Gleichwohl ward er bei den Abstimmungen vom 27. Mai 1910 vom Abgeordnetenhaus verworfen, ebenso aber auch alle Anträge aus dem Hause, wie immer sie gefaßt waren, und so stellte sich heraus, daß unter den gegebenen Parteiverhältnissen überhaupt ein gangbarer Weg zu einer Reform nicht aufzufinden war.

Kurz nachher erwirkte der Reichskanzler bei dem Kaiser **die Umgestaltung des preußischen Ministeriums** durch solche Männer, deren Erfahrung und Arbeitskraft ihm für seine weiteren Pläne von Wert war. Das Ministerium des Innern erhielt der Oberpräsident von Schlesien, v. D a l l w i tz, das der Landwirtschaft der Oberpräsident der Rheinprovinz, Freiherr v. S c h o r l e m e r = L i e s e r, das der Finanzen der Oberbürgermeister von Magdeburg, L e n tz e. Um die gleiche Zeit ward der Staatssekretär der Kolonien, Dernburg, durch den Unterstaatssekretär v. L i n d e q u i st ersetzt, der als deutscher General-Konsul in Kapstadt und als Gouverneur von Südwestafrika sich gründlich mit den afrikanischen Verhältnissen vertraut gemacht hatte. Auch das Staatssekretariat der auswärtigen Angelegenheiten ging im Juni 1910 in neue Hände über, in die des früheren Gesandten in Bukarest und zeitweiligen Vertreters des Botschafters in Konstantinopel, des Württembergers v. K i d e r l e n = W ä c h t e r, der ohne Frage durch Sachkunde, Erfahrung, Geschicklichkeit und Tatkraft für diesen Posten ganz besonders geeignet war. Es darf überhaupt aus diesem Anlaß hervorgehoben werden, daß v. Bethmann Hollweg für alle Ämter einzig und allein die tüchtigsten Männer zu gewinnen bemüht war und der Gedanke, daß er selbst etwa durch solche Männer in Schatten gestellt werden könnte, seinem von strenger Sachlichkeit getragenem Wesen völlig fern lag. Er beharrte, wenn er einen tüchtigen Mann gefunden zu haben glaubte, mit Nachdruck auf dessen Berufung und überwand mit Zähigkeit etwaige Widerstände persönlicher Art, wie sie z. B. der Ernennung v. Kiderlen-Wächters sich entgegenstellten.

Ein unliebsamer Zwischenfall entstand gerade damals durch **das Rundschreiben, das Papst Pius X.** anläßlich einer Gedenkfeier des Mailänder Erzbischofs B o r r o m ä u s (1538 bis 1584) am 26. Mai 1910 erließ. Er gestattete sich darin einen sehr heftigen Ausfall gegen die (von Borromäus s. Z. leidenschaftlich bekämpfte) Reformation, deren Anhänger er als „Feinde des Kreuzes Christi", als „Leute von irdischem Sinn" bezeichnete, „deren Gott der Bauch war," und sprach von „den verderbtesten Fürsten und Völkern". Diese beleidigenden Worte erregten in der ganzen evangelischen Christenheit einen Sturm des Unwillens, und v. Bethmann Hollweg zauderte keinen Augenblick, den preußischen Gesandten beim Vatikan, v. Mühlberg, mit der Weisung zu versehen, daß er angesichts des schwer bedrohten konfessionellen Friedens in Deutschland auf Abhilfe dringen solle. Der Papst ließ am 11. Juni durch den Staatssekretär Kardinal Merry del Val dem Gesandten mitteilen, daß die deutschen Bischöfe angewiesen seien, das Rundschreiben nicht amtlich zu verkünden, und am 13. Juni folgte eine weitere Erklärung, wonach es dem Papst ganz fern gelegen habe, die Nichtkatholiken in Deutschland und die evangelischen deutschen Fürsten kränken zu wollen. Als der Papst Pius X. den sogenannten Antimodernisteneid einführte, erkannte v. Bethmann Hollweg zwar das Recht der Kirche auf einen solchen Eid unumwunden an, setzte aber seine Zweckmäßigkeit für Deutschland sehr in Zweifel, weil das friedliche Nebeneinanderleben der Konfessionen dadurch gefährdet werde und der Staat künftig beeidigte Priester als Lehrer weltlicher Fächer an seinen Schulen nicht mehr anstellen könne. Das am 9. Februar 1912 in Bayern ans Ruder gelangte Ministerium des Freiherrn v. Hertling, eines Führers der Zentrumspartei, versuchte das Jesuitengesetz von 1872 im Gegensatz zu den andern Staaten dahin auszulegen, daß die Jesuiten religiöse Konferenzen selbst in Kirchen abhalten dürften. Der Reichskanzler trat aber diesem Versuch, der im Reich ein doppeltes Recht geschaffen hätte, entgegen; der Erlaß ward außer Kraft gesetzt und die Entscheidung des Bundesrats angerufen, der nach sorgfältiger Prüfung am 28. November 1912 gegen Bayerns Auslegung entschied. Das Zentrum sprach hierauf dem Reichskanzler seine Mißbilligung aus.

Einen zweiten großen gesetzgeberischen Versuch, zu dem ihn wohl weniger der eigene freie Wunsch, als die Erkenntnis der unhaltbaren Halbheit der bestehenden Zustände drängte, machte der Reichskanzler mit der Ausarbeitung einer Verfassung für Elsaß-Lothringen. Dieses Land war durch den Frankfurter Frieden vom 10. Mai 1871 von Frankreich an Deutschland abgetreten worden; es umfaßte damals 14 509 qkm und hatte gegen 1¼ Millionen Einwohner. Das Land war leider damals nicht, was nach Ansicht vieler patriotischer und sachkundiger Männer das Richtigste gewesen wäre, einfach in Preußen einverleibt worden — Bismarck wollte nicht, daß es heiße: nun hätten die Sachsen und Bayern und alle andern wohl ihr Blut ebenso für Deutschland vergossen wie die Preußen, aber den Vorteil hätten nur die Preußen eingeheimst; auch galt es, durch den Besitz eines Frankreich abgenommenen, allen gehörigen Reichslandes, das gegen Frankreichs Rückeroberungsplan verteidigt werden mußte, eine neue Klammer um die deutschen Stämme zu schmieden. Es hätte eines erleuchteten deutschen Patriotismus bei den deutschen Fürsten, vor allem bei Bayern, bedurft, daß diese selbst in deutschem Interesse Preußen ersucht hätten, das gewonnene Gut in bleibende Verwahrung zu nehmen; eine solch erleuchtete Gesinnung war damals nicht vorhanden und angesichts des erst im Reifen begriffenen national-politischen Empfindens auch noch kaum zu verlangen. Aus dem durch Schuld der Verhältnisse verfehlten Anfang ergab sich eine verfehlte Entwicklung. Bismarck hegte zwar die Hoffnung, „daß es mit deutscher Geduld und deutschem Wohlwollen gelingen werde, den Landsmann dort zu gewinnen, vielleicht in kürzerer Zeit, als man jetzt erwartet", indem man „dem deutschen Charakter der Elsässer und Lothringer, der mehr nach individueller und kommunaler Selbständigkeit strebt wie der Franzose", Rechnung trage und ihnen „auf dem Gebiete der Selbstverwaltung einen erheblichen freien Spielraum lasse" (Rede im deutschen Reichstag vom 2. Mai 1871). In dieser Hoffnung erhielt das Reichsland durch kaiserliche Verordnung vom 29. Oktober 1874 einen Landesausschuß und durch Gesetz vom 4. Juli 1879 eine gewisse provinziale Sonderexistenz, indem die Würde eines Statthalters und ein reichsländisches Ministerium geschaffen wurden; dieses hatte mit dem Landesausschuß, dessen 58 Mitglieder teils von den Bezirkstagen, teils von den 20 Landkreisen, teils von den Gemeinderäten von Straßburg, Metz, Mülhausen und Colmar gewählt wurden, den Staatshaushalt und die Gesetze zu verabschieden. Ausdrücklich blieb es aber dem Bundesrat und dem Reichstag vorbehalten, die Gesetzgebung im Reichsland auch direkt über den Kopf des Landesausschusses weg auszuüben, für den Fall dies im Reichsinteresse notwendig erscheinen sollte. Die Elsaß-Lothringer nahmen diese Zugeständnisse gnädig an, beklagten sich aber, daß sie nicht genügend seien; solange das Land nicht völlig allen andern Gliedern des Reichs gleich gestellt sei, insbesondere solange es im Bundesrat nur beratende, nicht beschließende Stimme habe, so lange seien sie „Deutsche zweiter Klasse", und man könne gar nicht verlangen, daß sie sich ohne Rückhalt als Deutsche fühlten, da man sie ja gar nicht als volle Deutsche behandle. Diese Begründung machte auf sehr viele wohlmeinende Männer einen großen Eindruck; sie schien den Weg zu weisen, auf dem das Reich endlich dieses sein jüngstes Glied innerlich für sich gewinnen und der französelnden Richtung, welche höchst bedauerlicherweise anwuchs, statt allmählich zu verschwinden, Herr werden könne. Für andere Lösungen fehlte es sowohl an den entscheidenden greifbaren Beweisen der unbedingten Notwendigkeit als infolge daran an der erforderlichen Unterstützung des Reichstags; auch beeinflußte der bundesstaatliche Charakter des Reichs die ganze Sache. So unternahm der Reichskanzler (immerhin mit aller Vorsicht) den Versuch eines Entgegenkommens an die Wünsche der Elsäßer. Er berief sich dabei in seiner Rede im Reichstag vom 23. Mai 1911 nicht ohne guten Grund auf Bismarcks Vorgang; als der große Staatsmann dem Reichsland innere Selbständigkeit verlieh, war sozusagen der Rubikon überschritten worden; jetzt konnte man nicht mehr zurück, nur noch vorwärts, und bloß auf diese Weise schien man die Elsaß-Lothringer zufriedenstellen und sie gewinnen zu können. „Es ist ein Besitzstand geschaffen worden, der nicht nur für die Elsaß-Lothringer eine Existenzfrage ist, sondern der gleichzeitig auch eine feste Stütze der Empfindungen bildet, mit denen das Reich diesem seinem jüngsten Glied gegenübersteht." Bismarck selbst hat Ende der 80er Jahre, als das Protestlertum zur Blüte kam, den Gedanken erwogen, ob nicht das Reichsland einem der benachbarten Bundesstaaten einverleibt werden sollte, hat ihn aber fallen lassen. Das gab zu denken. Nach der neuen Verfassung, welche am 23. Januar 1911 dem Reichstag zuging, verzichteten Bundesrat und Reichstag auf jedes Eingreifen in die reichsländische Gesetzgebung; das Land blieb dem Kaiser als oberstem Träger der Staatsgewalt unterstellt, erhielt von ihm den Statthalter und bedurfte seiner vom Reichskanzler gegenzuzeichnenden Zustimmung zu den Gesetzen. Aber es erhielt eine aus zwei Kammern bestehende Vertretung, deren erste der Kaiser zur Hälfte ernannte, deren zweite ursprünglich nach dem Mehrstimmenrecht (in 27 Wahlkreisen mit 60 Abgeordneten) gewählt werden sollte; die Regierung verzichtete aber am Ende angesichts der Abneigung der Elsäßer gegen jedes beschränkte Stimmrecht auf die „Pluralität", und nahm das Reichswahlrecht an. Im Bundesrat führt das Reichsland künftig drei beschließende Stimmen, welche aber, damit nicht indirekt Preußens Stellung im Bundesrat verstärkt werde — in dem Fall nicht gezählt werden, wenn durch sie ein sonst in der Minderheit bleibender preußischer Vorschlag die Mehrheit bekäme. Auf dieser Klausel bestanden die drei Königreiche Bayern,

Sachsen und Württemberg, weil der Statthalter den elsaß-lothringischen Bevollmächtigten zum Bundesrat Anweisung erteilt, wie sie stimmen sollen, der Statthalter selbst aber vom Kaiser, der zugleich König von Preußen ist, ernannt und abgerufen wird. Der Reichstag nahm diese Verfassung am 26. Mai mit 211 gegen 93 Stimmen an. Die Minderheit bestand aus den Konservativen, der ihnen nahe stehenden „wirtschaftlichen Vereinigung", den meisten Reichsparteilern, den Polen und der Mehrzahl der elsaß-lothringischen Abgeordneten selbst. Diese waren auch jetzt noch nicht zufrieden gestellt; die Stellung des Kaisers war ihnen zu stark, die erste Kammer ein undemokratischer Hemmschuh. Aber auch im Reich wurde die Verfassung vielfach nicht gut aufgenommen, weil man befürchtete, daß die Elsaß-Lothringer von der vermehrten Freiheit keinen guten Gebrauch machen würden, und weil die Klausel über die Anrechnung der drei elsaß-lothringischen Bundesratsstimmen als eine Demütigung Preußens empfunden wurde, zu der der preußische Ministerpräsident nimmermehr hätte die Hand bieten dürfen. Gegen diesen Tadel läßt sich sagen, daß der Reichskanzler auch den Schein vermeiden wollte, als ob er die Grundlagen der Reichsverfassung zu Ungunsten der Mittelstaaten verschieben wolle und daß Preußens tatsächliche Macht nicht von einigen Stimmen im Bundesrat abhänge. Was die Wirkung auf die Elsaß-Lothringer angeht, so schien sie zunächst einzutreten; bei den ersten Wahlen zur Abgeordnetenkammer vom 22. Oktober 1911 erlitten die Französlinge, welche sich Nationalisten nannten, eine völlige Niederlage. Später freilich traten auch wieder weniger erfreuliche Anzeichen zutage; am schlimmsten waren die Vorgänge in Zabern vom November 1913, wo die Garnison von übeln Elementen der Bevölkerung so belästigt und gereizt wurde, daß ein blutjunger Leutnant v. Forstner, der dann 1915 im Kriege fiel, seine Soldaten zur Abwehr gegen die „Wackes" ermahnte und bei dem Versagen der Polizei der Oberst v. Reuter zur Selbsthilfe griff und Verhaftungen vornehmen ließ. Der deutsche Reichstag hatte wahrlich keinen Ruhmestag, als er am 3. Dezember 1913 dem Reichskanzler, der in der schwierigen Lage zur Vernunft redete, sein Mißvergnügen amtlich aussprach. Über all diesen Dingen ward es nötig, den wackeren und deutschgesinnten Statthalter Grafen v. Wedel durch den preußischen Minister des Innern v. Dallwitz zu ersetzen (an dessen Stelle v. Löbell kam) und auch das Ministerium größtenteils zu erneuern. Kurz nachher brach der Krieg aus, der hoffentlich die im deutschen Interesse notwendig erscheinende Änderung in den Verhältnissen des Reichslandes herbeiführen und den Fehler von 1871 gut machen wird.

Ein weiteres wichtiges Werk, das der Reichskanzler von der Zeit seines Amtes als Staatssekretär her im Auge behalten hat, war die Schaffung der sogenannten Reichsversicherungsordnung, die im Reichstag am 30. Mai 1911 mit 232 gegen 58 sozialdemokratische und volksparteiliche Stimmen angenommen ward. Sie enthielt eine Zusammenfassung aller Bestimmungen über Unfall-, Alters-, Kranken- und Gebrechlichkeitsversicherung, war also ein großartiges Werk der Kodifikation, und bildete die bestehenden Einrichtungen überdies in mehreren Punkten weiter. Sie gewährte 1. den Witwen und Waisen der Versicherten eine, wenn auch bescheidene, immerhin 66 Millionen Mark im Jahre betragende Unterstützung; sie erweiterte 2. den Kreis der Versicherten auf die Heimarbeiter, häuslichen Dienstboten und die landwirtschaftlichen Arbeiter, im ganzen auf weitere 7 Millionen Menschen; 3. erhöhte sie das Krankengeld für die besser bezahlten Arbeiter um 50 Pfg. für den Tag, und 4. befreite sie die Krankenkassen von dem Druck der Sozialdemokratie, indem sie die Wahl der Vorstände durch beide Gruppen, Arbeiter und Arbeitgeber, vorschrieb und für alle Kassenbeamten den Nachweis ordnungsmäßiger Vorbildung aufstellte. Der für die drei großen Versicherungen erforderliche Gesamtbedarf wurde schon 1907 auf 859$^1/_2$ Millionen im Jahr berechnet, gewiß gewaltige Leistungen für die Arbeiter, wie sie in keinem andern Staat aufgebracht werden. Der eigentliche Vater der Reichsversicherungsordnung war der Reichskanzler selbst, und es war eine wohlverdiente Auszeichnung, wenn der Kaiser ihm zwei Tage nach ihrer Verabschiedung, am 1. Juni 1911, in einem Handschreiben dankte und ihm sein Bild verlieh. Es war ein Werk sozialer Reform von hervorragender Bedeutung zustande gekommen, und in der Fortführung dieser Reformtätigkeit sah der Reichskanzler eine seiner Hauptaufgaben, ohne sich durch die gehässigen Angriffe der Sozialdemokratie oder durch den Tadel der Rechten stutzig machen zu lassen, welche eine Verschärfung der staatlichen Kampfmittel für nötig ansah. Weil v. Bethmann Hollweg dieser Forderung nicht nachkam, erfolgten, ebenso wie anläßlich der Marokkopolitik, scharfe Zusammenstöße mit dem Führer der Konservativen, Herrn v. Heydebrand und der Lasa (10. Dezember 1910 und 10. November 1911).

Am Ende des Jahres brachte der Reichskanzler unter Überwindung des Widerstandes einzelner Bundesstaaten im Reichstag noch das Gesetz über die Erhebung von S ch i f f a h r t s a b g a b e n auf den künstlichen Wasserstraßen zur Annahme, wodurch die Kosten für den Ausbau der Wasserwege beschafft werden sollten.

### 4. v. Bethmann Hollweg als Reichskanzler: die auswärtige Politik 1909—1914.

In der auswärtigen Politik fand v. Bethmann Hollweg, als er Reichskanzler wurde, eine sehr schwierige Lage der Dinge vor. Nicht bloß bestand zwischen den alten Feinden Frankreich und England seit 8. April 1904 das sogenannte „herzliche Einvernehmen" (entente cordiale), das trotz aller Ableugnungen zweifellos seine Spitze gegen Deutschland richtete; sondern dieses herzliche Einvernehmen war 1908 auch auf zwei andere alte und scheinbar unversöhnliche Feinde ausgedehnt worden: auf England und Rußland. In Reval waren am 9. Juni 1908 König Eduard VII., der rastlos an der „Einkreisung" Deutschlands arbeitete, und Zar Nikolaus II. zusammengekommen und hatten auf Grund einer englisch-russischen Abkunft über die Interessenbereiche in Asien vom 31. August 1907, die namentlich Persien in einen russischen und einen englischen Interessenkreis zerlegte, sich auch über die Behandlung der Türkei verständigt, wobei in einer freilich noch nicht öffentlich bekannt gewordenen Weise die Türkei, in ähnlicher Weise wie Persien, wenn auch vorerst nur auf dem Papier, aufgeteilt worden ist. Mit dieser Sachlage hatte v. Bethmann Hollweg zu rechnen; er hatte einen „Dreiverband" vor sich, der durch den gemeinsamen Haß gegen Deutschland fester zusammengehalten wurde, als der „Dreibund", der durch den äußerlich verborgenen, innerlich aber um so tieferen Gegensatz zwischen Österreich und Italien längst unterhöhlt war. Jeder Versuch, den Dreiverband zu sprengen, war aussichtslos und hatte höchstens die Folge, ihn noch fester zusammenzuschmieden; es galt also, ihn wenigstens etwas zu lockern und die Gefahr eines bewaffneten Zusammenstoßes zu vermindern. Das schien dem Reichskanzler möglich, wenn man die gemeinsamen Interessen (welche bei der vielfältigen Verflechtung der Beziehungen aller Staaten trotz des Gegensatzes noch vorhanden waren) benutzte, um eine Annäherung zustande zu bringen. So gelang es dem Reichskanzler am 4. November 1910 mit dem Zaren, der von Friedberg in Hessen mit seiner Gemahlin nach Hause

reiste, in Potsdam eine Abkunft zu vereinbaren, laut deren
Rußland und Deutschland einander versprachen, sich in nichts einzu=
lassen, was eine Spitze gegen den andern Teil haben könnte; und
am 19. August 1911 kam ein Vertrag über die beiderseitigen Interessen
in Persien zustande, der den Anschluß der von einer deutschen Gesell=
schaft z. T. schon gebauten, z. T. noch zu bauenden Bagdadbahn an

Frau Martha von Bethmann Hollweg, die am 10. Mai 1914
verstorbene Gemahlin des deutschen Reichskanzlers.

die russischen Bahnen in Nordpersien (von Teheran nach Hanikin)
in Aussicht nahm. Man war in Berlin überzeugt, daß die Partei in
St. Petersburg, welche wollte, daß Rußland mit Deutschland gut stehe,
zur Zeit das Heft in der Hand habe; ob das dauern werde, konnte
natürlich niemand sagen; aber der Versuch, mit Rußland sich zu ver=
gleichen, war der Mühe wert. Mit Frankreich kam es (trotz des
noch v. Bülow am 9. Februar 1909 geschlossenen Abkommens
über ein friedliches Nebeneinander in Marokko) im Jahr 1911 zu einer
gefährlichen Spannung. Die Franzosen besetzten am 21. Mai un=
geachtet aller früheren Erklärungen die Hauptstadt des Landes, Fez,
so daß der Reichskanzler dem Vorschlag v. Kiderlens beitrat, das
deutsche Kanonenboot Panther nach dem marokkanischen Hafen

Agadir zu senden und die in der Umgegend dieses Hafens vorhandenen deutschen Interessen unter den Schutz der deutschen Seemacht zu stellen.

Es war, wie der Reichskanzler am 9. November 1911 im Reichstag gesagt hat, eine Maßregel, welche den Franzosen dartun sollte, daß „wir uns nicht bei Seite schieben lassen würden, selbst nicht auf die Gefahr, daß dadurch die Schicksalsfrage: Krieg oder Frieden? heraufbeschworen werde". Wir wollten Marokko nicht als französisches Schutzland gelten lassen, sondern dort selbständig unsere Interessen wahrnehmen. Wollten sie das Sultanat in ein Schutzgebiet verwandeln, so mußten sie uns dafür einen angemessenen Preis zahlen. Festsetzen wollten wir uns dort aus den triftigsten Gründen nicht; unsere marokkanischen Aktien, die wir 1906 in Algericas erworben hatten, waren durch das französische Vorgehen wertlos geworden; aber wir forderten, daß man sie uns durch ausreichende Entschädigung ablaufe. Daraus ging eine schwere Krisis hervor, weil die englische Regierung, unter Berufung auf ihre 1904 übernommenen Vertragspflichten, Frankreich bewaffnete Hilfe zu leisten sich erbot. Rußland dagegen verständigte sich mit uns während dieser Krisis über Persien. Schließlich kam es aber zu dem Vertrag vom 4. November 1911, in welchem Deutschland Marokko als französischen Schutzstaat anerkannte, aber Sicherheit für seine wirtschaftliche Betätigung in dem Sultanat und den an Kamerun grenzenden Teil des französischen Kongo erhielt — ein Gebiet von 263 000 qkm, so groß als etwa Preußen ohne Schlesien und Ostpreußen.

Die Hoffnung, daß der Vertrag der Ausgangspunkt eines besseren Einvernehmens mit Frankreich sein werde, hat sich nicht erfüllt; die Franzosen betrachteten den „Panthersprung" als eine Herausforderung, welche eigentlich mit Blut hätte gesühnt werden müssen und knirschten, daß wir sie ohne Schwertstreich zur Abtretung einer großen Provinz genötigt hätten. In England wurde aber die öffentliche Meinung über die Kriegsgefahr, in die das Land durch das Ministerium Asquith, Lloyd George und Grey plötzlich versetzt worden war, doch stutzig; es erhoben sich Stimmen, welche dringend die Herstellung eines besseren Verhältnisses zu Deutschland forderten. So erschien der Kriegsminister Lord Haldane am 8. Februar 1912 in Berlin, um ein Abkommen zustande zu bringen. Der Reichskanzler schlug zunächst vor, daß England sich für den Fall eines Krieges auf dem Festland zur unbedingten Neutralität verpflichte.

Allein Haldane konnte nichts bieten als das Versprechen, daß England uns, ohne herausgefordert zu sein, nicht angreifen werde. Der Reichskanzler maß diesen Angeboten einen praktischen Wert nicht bei, da das, was sie enthielten, unter zivilisierten Völkern selbstverständlich ist. Er ließ aber die Forderung unbedingter Neutralität fallen und verlangte wohlwollende Neutralität nur noch, falls Deutschland ein Krieg aufgezwungen werde. Grey lehnte auch das ab, weil er besorgte, durch ein solches Versprechen die bestehenden Freundschaften Englands mit andern Mächten zu gefährden. Hierauf verzichtete Deutschland auf das Weiterspinnen einer offenbar nutzlosen Verhandlung, als deren Ergebnis die Einsicht zu betrachten ist, daß England, auch wenn uns ein Krieg aufgezwungen würde, sich vorbehielt, seine Neutralität fallen zu lassen und sich den Angreifern zuzugesellen — genau das, was es am 4. August 1914 wirklich getan hat. Die Frucht dieser Einsicht waren die zwei Heeresvorlagen von 1912 und 1913, wodurch die jährliche Rekrutenziffer um 29 000, bezw. um 68 000 Mann erhöht wurde. Es war ein erfreuliches Zeichen politischer Reife und patriotischen Sinnes, daß der am 12. Januar neu gewählte Reichstag, in dem die Sozialisten auf Kosten aller bürgerlichen Parteien von 53 auf 110 Stimmen angewachsen und Zentrum und Rechte in die Minderheit versetzt waren, gleichwohl am 21. November 1912 und am 30. Juni 1913 beide Vorlagen gegen die Stimmen der Sozialdemokraten, Polen und Elsaß-Lothringer mit Zweidrittelmehrheit genehmigte; und die besitzenden Klassen nahmen, ohne mit der Wimper zu zucken, die Last eines einmaligen „Wehrbeitrags" von einer Milliarde auf sich. Wie notwendig die Heeresvorlagen waren, durch welche die seit 1893 mehr und mehr zum leeren Wort herabgesunkene allgemeine Wehrpflicht wieder eine Wahrheit wurde, davon sollte man sich bald überzeugen.

### 5. Der Reichskanzler beim Ausbruch des Weltkrieges.

Am 28. Juni 1914 fielen der Thronfolger von Österreich-Ungarn, der Erzherzog Franz Ferdinand, und seine Gemahlin Sophie, Herzogin von Hohenberg, in Sarajewo in Bosnien als Opfer einer durch Offiziere und Beamte des Königreichs Serbien geleiteten und ausgerüsteten Mörderbande. Am 23. Juli stellte der österreichisch-ungarische Minister des Auswärtigen, Graf Berchtold, in Belgrad die Forderung einer ausreichenden Genugtuung und Sicherstellung für die Zukunft; aber von St. Petersburg aus ermutigt und der Hilfe versichert, lehnte die Regierung des Königs Peter, der selbst durch den Meuchelmord vom 11. Juni 1903 auf den Thron des unglücklichen Königs Alexander gelangt war, das Ultimatum am 25. Juli abends kurz vor der um 6 Uhr ablaufenden Frist in den wesentlichen Punkten ab. Sofort war deutlich, daß aus dem nun zwischen Österreich-Ungarn und Serbien ausbrechenden Krieg ein allgemeiner Weltbrand entstehen müsse, falls es nicht rasch gelinge, den Krieg in den engen örtlichen Grenzen zu halten. Um ein Eingreifen Rußlands abzuschneiden, erklärte Österreich-Ungarn sofort noch am 25. Juli, daß es keine Eroberungen auf Kosten Serbiens anstrebe, und am 28. Juli erweiterte es sein Versprechen noch dadurch, daß es sich anheischig machte, auch die Unabhängigkeit Serbiens nicht anzutasten. Der Reichskanzler tat alles, um in Wien zum Frieden zu raten; er hat sogar, wie er am 19. August 1915 im Reichstag bekannt gab, den Botschafter Herrn v. Tschirschky am 29. Juli in Wien mit aller Schärfe erklären lassen, „daß wir Österreich-Ungarn zwar nicht zumuten, mit Serbien zu verhandeln, mit dem es im Kriegszustand begriffen ist; die Verweigerung jeden Meinungsaustausches mit Petersburg aber (wovon der deutsche Botschafter in Petersburg, Graf Pourtalès, geschrieben hatte) würde ein schwerer Fehler sein. Wir sind zwar bereit, unsere Bundespflicht zu erfüllen, müssen es aber ablehnen, uns von Österreich-Ungarn durch Nichtachtung unserer Ratschläge in einen Weltbrand hineinziehen zu lassen. Eure Exzellenz wollen sich sofort gegen Graf Berchtold mit allem Nachdruck und großem Ernst in diesem Sinn aussprechen." Darauf antwortete Herr v. Tschirschky, daß Graf Berchtold bemerkt habe, es liege hier ein Mißverständnis vor und zwar auf russischer Seite; der k. k. Botschafter am russischen Hofe, Graf Szapary, habe Weisung empfangen, mit dem russischen Minister des Auswärtigen, Sasonov, in Verhandlungen einzutreten. Diese Verhandlungen aber wurden dadurch durchkreuzt, daß Rußland sofort seine Streitkräfte mobil machte, und zwar nicht bloß gegen Österreich-Ungarn, sondern auch gegen das Deutsche Reich. Es tat dies um so unbedenklicher, als es sehr bald Sicherheit erlangte, daß es nicht bloß auf französische, sondern auch auf englische Kriegshilfe rechnen könne, und alle Mahnungen des deutschen Kaisers, die Mobilmachung zurückzunehmen, weil sonst deutscherseits Gegenmaßregeln ergriffen werden müßten, waren in den Wind gesprochen. So blieb uns nichts anderes übrig, als am 31. Juli ein Ultimatum an Rußland zu richten, daß es binnen zwölf Stunden die Kriegsrüstungen einstelle und hierüber eine bestimmte Erklärung abgebe. Da dies nicht geschah, vielmehr am 1. August Kosaken die ostpreußische Grenze überschritten und auf Johannisburg ritten, so erfolgte am 1. August 1914 abends 5 Uhr die deutsche Kriegserklärung an Rußland. Wie die Dinge lagen, war damit auch der Krieg mit Frankreich gegeben; auf die am 1. August von unserem Botschafter Freiherrn v. Schön in Paris übermittelte Anfrage, ob Frankreich in einem deutsch-russischen Kriege neutral bleiben werde, erfolgte die vielsagende Antwort: Frankreich werde tun, was seine Interessen ihm vorschreiben. Auch hier wurden die Feindseligkeiten gegen uns eröffnet, ehe eine Kriegserklärung erlassen war; am 2. August überschritten französische Truppen die Grenze bei Altmünsterol, und französische Flieger warfen Bomben auf die Eisenbahnen bei Wesel, Karlsruhe und Nürnberg herab. So zeigte v. Schön am 3. August um 6 Uhr abends an, daß Frankreich uns in Kriegszustand versetzt habe, forderte seine Pässe und verließ Paris.

Noch war England zurück, und auch die Feinde müssen, wenn sie ehrlich sein wollen, dem Reichskanzler das Zeugnis ausstellen, daß er nach allen Kräften bemüht gewesen ist, diese Macht, zu der er seit fünf Jahren ein besseres Verhältnis zu erlangen angestrebt hatte, in den Bahnen des Friedens zu erhalten. Wie das erste englische Blaubuch dartut, hatte v. Bethmann Hollweg am 29. Juli mit dem britischen Botschafter Goschen eine Unterredung, worin er England, falls es bei Ausbruch eines Kriegs mit Rußland neutral bleibe, jede Sicherheit dafür anbot, daß Deutschland im Fall eines siegreichen Ausgangs des Krieges sein Gebiet nicht auf Kosten Frankreichs vergrößern werde. Auf die Frage Goschens, wie es dann mit den französischen Kolonien stehe, erklärte der Reichskanzler, hierüber könne er eine ähnliche Versicherung nicht abgeben — natürlich: irgendwie mußten wir doch im Fall eines Sieges uns schadlos halten können. Hollands Neutralität werde Deutschland achten, solange das von anderer Seite geschehe; von Frankreichs Vorgehen werde es abhängen, ob und inwieweit Deutschland in Belgien Operationen vornehmen müsse. Mit England habe das Deutsche Reich stets eine Verständigung angestrebt; er denke an ein allgemeines Neutralitätsabkommen beider Staaten, obschon es im gegenwärtigen Augenblick natürlich zu früh sei, auf Einzelheiten einzugehen. Alle diese Angebote wurden von Grey schroff abgelehnt; er befahl Goschen, dem

Reichskanzler zu sagen, daß England nicht bei Seite stehen könne, wenn Frankreich seine Kolonien und seine Stellung als Großmacht verlieren sollte und den Deutschen unterworfen würde. Am 1. August bot der Kaiser, selbstverständlich nach Verabredung mit dem Reichskanzler, dem König Georg V. von England persönlich und direkt an, daß er trotz des mit Rußland ausgebrochenen Krieges sich anheischig mache, Frankreich nicht anzugreifen, falls dieses sich zur Neutralität bereit erkläre und England diese Neutralität, nötigenfalls unter Einsatz seines Heeres und seiner Flotte, verbürge. Am gleichen Tag aber setzte Grey im Kabinett den Beschluß durch, daß, wenn die deutsche Flotte in den Ärmelkanal eindringen oder die französische Nordküste angreifen sollte, die britische Flotte Frankreich allen in ihrer Macht liegenden Schutz gewähren solle. Darauf erklärte der Reichskanzler, daß Deutschland, wenn England neutral bleibe, auf beide Maßnahmen verzichten, also von der Überlegenheit seiner Flotte über die französische keinen Gebrauch machen werde. Es war alles umsonst. Grey konnte oder wollte nicht mehr zurück; er hatte so lange mit Frankreich und Rußland sich verschworen, daß er jetzt an ihrer Seite in den Krieg gehen mußte. Bekanntlich hat er, um den Widerstand eines Teils seiner Amtsgenossen zu brechen, dann die Verletzung der Neutralität Belgiens als eine Herausforderung Englands bezeichnet, welche dieses zwinge, seine Pflicht und Ehre zu wahren und Belgien bewaffnete Hilfe zu leisten. Am 4. August richtete er ein Ultimatum an das Deutsche Reich, wonach es bis Mitternacht eine genügende Erklärung über seine Achtung der belgischen Neutralität abgeben sollte; andernfalls sollte Goschen seine Pässe fordern und erklären, daß England alle Schritte zum Schutz dieser Neutralität und eines auch von Deutschland unterschriebenen Vertrages ergreifen werde. Als der englische Botschafter sich seines Auftrags entledigte, erhielt er sofort die allein mögliche ablehnende Antwort. Er erschien dann beim Reichskanzler, um sich von dem Manne, mit dem er Jahre lang freundschaftlich verkehrt hatte, persönlich zu verabschieden. Man kann nicht ohne tiefe Ergriffenheit den im englischen Blaubuch abgedruckten Bericht Goschens über diese letzte Unterredung mit dem Reichskanzler lesen. Dieser legte Wert darauf, seine Ansicht über das Vergehen Englands offen auszusprechen. Er sagte, alle seine Anstrengungen, mit England zu einem besseren Verhältnis zu gelangen, seien nutzlos gemacht, seine ganze Politik zusammengestürzt wie ein Kartenhaus; England verfahre wie ein Mensch, der einen von zwei Angreifern Überfallenen von hinten niederschlagen wolle.

Der Reichstag war auf den 4. August berufen worden, um die Mitteilungen der Regierung entgegen zu nehmen und die notwendigen Maßregeln, namentlich eine Kriegsanleihe von fünf Milliarden, zu beschließen. Vor ihm hielt v. Bethmann Hollweg, nachdem die Eröffnung im weißen Saal mit der kraft- und würdevollen Thronrede in bekannter Weise stattgefunden hatte, um 3¹/₄ Uhr eine meisterhafte Rede voll Mäßigung und Entschlossenheit, in welcher er die Entstehung des Krieges darlegte und unsern Entschluß, in Belgien einzurücken, mit der Notwehr begründete: „wer, wie wir, um das Höchste kämpft, darf nur daran denken, wie er sich durchhaut!" Es ist dem Reichskanzler verdacht worden, daß er damals diesen Einmarsch in Belgien offen und redlich als ein Unrecht bezeichnete, „das wir wieder gutzumachen suchen werden, sobald unser militärisches Ziel erreicht ist". Unsere Gegner haben dieses Wort weidlich ausgenutzt; sie haben freilich von der Geradheit der Gesinnung, welcher dieses Wort entsprang, keine Spur in sich und haben dafür keinerlei Verständnis. Später sind uns die Schriftstücke, welche uns völlig entlasten, in Brüssel in die Hände gefallen, und der Reichskanzler hat davon einen vernichtenden Gebrauch gemacht; unwiderleglich hat er an ihrer Hand dargetan, daß Belgien durch seine Verschwörung mit England und Frankreich gegen uns seine Neutralität selbst längst preisgegeben hatte. Um von allen andern Zeugnissen abzusehen, so sei auf die vortreffliche Schrift des Niederländers M. P. C. Walter, Beiträge zur Entstehungsgeschichte des großen Kriegs (Amsterdam, van Langenhuysen, 1915) verwiesen, welcher mit hervorragender Sachkenntnis und Belesenheit und in glänzendem Stil nachweist, daß England seit den 50er Jahren des 19. Jahrhunderts, seit dem Erwerb unserer Kolonien, den Krieg gegen uns vorbereitete, daß Eduard VII. der große Kriegshetzer war und Belgiens König Albert, der durch energischen Widerstand gegen den von Frankreich drohenden Einmarsch diesen hätte verhindern und damit uns die notwendige Sicherheit geben müssen, „im Komplott mit Deutschlands Feinden war". D a s   g e n ü g t. Der Reichstag war am 4. August auf der Höhe seiner Aufgabe, und mit Recht sagte der Reichskanzler am Schluß der Beratungen: „nicht das Gewicht Ihrer Beschlüsse gibt dieser Tagung ihre Bedeutung, sondern der Geist, aus dem heraus sie geboren sind, d e r   G e i s t   d e r   E i n h e i t   D e u t s c h l a n d s ,   d e s   u n =

bedingten, rückhaltlosen, gegenseitigen Vertrauens auf Leben und Tod. Was uns auch beschieden sein mag — der 4. August 1914 wird bis in alle Ewigkeit hinein einer der größten Tage Deutschlands sein!" Es verdient bemerkt zu werden, daß das, was der Reichskanzler an jenem denkwürdigen Tage sprach, von hoher patriotischer Glut erfüllt war; er fand die richtigen Worte für die ungeheure Zeit, und stürmischer, einhelliger Beifall des Reichstags und (was der Präsident Dr. Kämpf gegen den sonstigen Brauch verständnisvoll geschehen ließ) der Zuhörerreihen zeigte dem Leiter der Reichspolitik, daß er verstanden ward und einen gewaltigen Widerhall in aller Herzen erweckte. Der 4. August war auch v. Bethmanns größter Tag.

## 6. Der Reichskanzler im Weltkrieg.

Nach Kriegsausbruch begleitete der Reichskanzler den Kaiser ins Feld und hatte demgemäß seinen Aufenthalt jeweils am Orte des kaiserlichen Hauptquartiers. Öfters kehrte er, wenn die Geschäfte es verlangten, auch für längere oder kürzere Zeit nach Berlin zurück. Das war namentlich der Fall, wenn der Reichstag berufen wurde, was am 4. Dezember erstmals wieder geschah, um ihn ein zweites Mal um die Bewilligung von fünf Milliarden für Kriegszwecke anzugehen. Der Reichskanzler befürwortete die Annahme dieser Vorlage in einer ausgezeichneten Rede, in der er unsern Truppen den wohl verdienten Dank aussprach, den Beitritt der Osmanen zu der deutsch-österreichischen Waffengemeinschaft freudig begrüßte und England „die innere (letzte) Verantwortung" für den Krieg zuschob. „Die insulare englische Denkart hat im Laufe der Jahrhunderte einen politischen Grundsatz ausgestaltet, daß nämlich England mit der Kraft eines selbstverständlichen Dogmas ein arbitrium mundi (Weltherrschaft) gebühre." Er legte dar, welche Versuche er gemacht habe, mit England auf der Grundlage beiderseitiger freier Kräfteentfaltung sich zu vergleichen; die Welt biete beiden Völkern Raum genug, im friedlichen Wettbewerb ihre Kräfte zu messen. England sei aber nicht darauf eingegangen, und nun habe Deutschlands Kraft sich militärisch und finanziell glänzend bewährt. Die belgische Neutralität beleuchtete der Kanzler treffend an der Hand der oben erwähnten Urkunden. Zum Schluß pries er die Einigkeit der Nation, die Beglückung, daß so viel Unrat und Wust weggefegt sei, und verhieß, daß es nach dem Krieg, so weit es auf ihn ankomme, nur mehr Deutsche geben solle. „Wir halten durch, bis wir Sicherheit haben, daß keiner mehr wagen wird, unsern Frieden zu stören!"

An der **dritten Tagung** des Reichstags, die vom 10. bis 18. März 1915 währte und in der die Bewilligung eines weiteren Kriegskredits von 10 Milliarden erfolgte, nahm der Reichskanzler keinen direkten Anteil; die Regierung wurde dabei vertreten durch den Staatssekretär des Innern, Delbrück, dem überhaupt die Stellvertretung des Reichskanzlers in dessen Abwesenheit oblag, und durch den neuen Staatssekretär der Finanzen Helfferich. Dagegen wurde die **vierte Tagung** (vom 18. Mai) in hohem Grade dramatisch durch die Mitteilungen, die der Reichskanzler über die Zugeständnisse machte, mittels deren Österreich-Ungarn **den bisherigen Genossen im Dreibund, Italien,** von dem Abfall und dem Übergang auf die Seite unserer Feinde abzuhalten suchte. Der Reichskanzler fügte hinzu, daß Deutschland, um die Verständigung zwischen seinen zwei Bundesgenossen zu fördern und zu festigen, im Einverständnis mit dem Wiener Kabinett dem römischen gegenüber die volle Bürgschaft für die ehrliche Ausführung des Angebots ausdrücklich übernommen habe. Der Versuch, den unerhörtesten Treubruch der Geschichte, durch den ein Bundesgenosse von gestern sich in einen Todfeind von heute verwandelte, in letzter Stunde noch zu hintertreiben, schlug fehl; am 23. Mai erklärte Italien an Österreich-Ungarn unter den nichtigsten Vorwänden den Krieg, worauf der Reichskanzler noch am selben 23. Mai durch das Wolff'sche Telegraphen-Büro bekannt gab, daß die italienische Regierung damit auch das Bündnis mit Deutschland ohne Recht und Grund zerrissen habe und Fürst Bülow, unser Vertreter in Rom, angewiesen worden sei, Rom zugleich mit dem österreichisch-ungarischen Botschafter Baron Macchio zu verlassen. Eine Kriegserklärung an Italien fand nicht statt, ebensowenig eine solche Italiens an Deutschland.

**Die fünfte Kriegstagung** wurde am 19. August durch eine Rede v. Bethmann Hollwegs eröffnet, in der er der großen Erfolge in Polen, Kurland und an den Dardanellen gedachte und England vor aller Welt die Hauptschuld an dem Krieg zuschrieb, der aus der Einkreisungspolitik Eduards VII. erwachsen sei. Der Minister Asquith habe in öffentlicher Rede die Zugeständnisse unterschlagen, welche wir bei den Verhandlungen mit Lord Haldane im Winter 1912 gemacht hätten, und habe damit die öffentliche Meinung in England in unverantwortlicher Weise irre geführt. Rußlands Mobilmachung habe seiner Zeit den Weltbrand entzündet. Nun haben unsere Heere die östlichen Grenzen Polens erreicht, und es sei zu hoffen, daß eine neue Entwicklung beginne, welche die alten Gegensätze zwischen Deutschland und Polen aus der Welt schaffe und das vom russischen Joch befreite Land einer glücklichen Zukunft entgegenführen werde, in der

Phot. Berl. Illustr.-Gesellschaft.

Der Reichskanzler, seine Tochter zur Trauung in die Kirche führend, dahinter der Bräutigam mit seiner Mutter Gräfin Zech-Burkersroda.

es die Eigenart seines nationalen Lebens pflegen könne. Früher hatte v. Bethmann Hollweg den Kampf gegen das in staatlicher Hinsicht nicht zuverlässige Polentum in unsern Ostmarken als eine Staatsnotwendigkeit angesehen (s. seine Rede gegen den Herrn v. Jazdzewski im preußischen Abgeordnetenhaus vom 13. Januar 1906): jetzt hatte die ungeheure Zeit auch hier eine neue Lage geschaffen, und die Wiedereröffnung der 1869 geschlossenen hohen Schulen Warschau's mit polnischer Unterrichtssprache (15. November) war ein weithin leuchtender Beweis, daß wir es nicht bei Worten bewenden lassen. Der Krieg, fuhr der Reichskanzler fort, werde ein aus tausend Wunden blutendes Europa zurücklassen; solle aber Europa zur Ruhe kommen, so könne dies nur durch eine starke und unantastbare Stellung Deutschlands geschehen. „Die jetzige englische Politik, die ein Brutofen für den Krieg ist und Deutschland zum Vasallen Englands herabdrücken möchte, muß verschwinden. Wir müssen zum Wohl aller Völker und Länder die Freiheit der Weltmeere erzwingen. Wir wollen sein und bleiben ein Hort des Friedens und der Freiheit der großen und der kleinen Völker. Was wir wollen, ist ein neues, von französischen Ränken, von moskowitischer Eroberungssucht und von englischer Vormundschaft befreites Europa." Diese markigen Worte wurden mit lang anhaltendem Beifall und Händeklatschen aufgenommen. Sie umschrieben nicht im einzelnen, aber im großen das Kriegsziel, dem unser Kampf gilt. Der Schluß des Reichstags erfolgte am 27. August, unter Anberaumung der sechsten Tagung auf den 30. November.

Vier Wochen nach der Rede des Reichskanzlers über die Lage erfolgte eine tiefgreifende, für uns günstige Veränderung. Am 19. September donnerten erstmals deutsche Geschütze an der unteren Donau gegen die serbische Festung Semendria; am 23. September schritt Bulgarien, das sich mit der Türkei verständigt hatte, zur Mobilmachung, und am 4. Oktober antwortete es auf ein barsches, russisches Ultimatum ablehnend. Kurz darauf griff es als unser Verbündeter mit aller Kraft in den Krieg gegen seinen serbischen Todfeind ein, einen Krieg, der unsererseits mit dem Zweck geführt wurde, durch Serbien hindurchzustoßen und über Bulgarien die Verbindung mit unserem türkischen Bundesgenossen herzustellen. Ungeheure Fernsichten knüpfen sich an diesen Krieg, eine geschlossene politische Völkerphalanx der Deutschen, Österreicher, Ungarn, Bulgaren und Osmanen von der Nord- und Ostsee bis zum Nil und zum persischen Meerbusen, von wo, wenn das Weltenschicksal sich erfüllen soll, über Persien und Afghanistan hinübergegriffen werden kann bis nach Indien. Wenn diese Möglichkeiten jetzt gegeben sind, wodurch Englands angeblich unerschütterliche Weltherrschaft in der Wurzel getroffen werden kann, so gebührt das Verdienst in erster Linie unserem und dem türkischen Heer, dann aber v. Bethmann Hollweg. In dem Ringen um die Balkanstaaten, das zwischen uns und unsern Feinden seit

Jahresfrist geführt wurde, setzten unsre Gegner auf die falsche Karte, indem sie vornehmlich Rumänien umwarben und auf ihre Seite ziehen wollten. Sie rechneten, daß als Lohn für Siebenbürgen und den Banat, die sie den Rumänen verhießen, 3 bis 400 000 Rumänen sich erheben und die russische „Dampfwalze" unwiderstehlich machen sollten. Aber die Rumänen durften das nicht wagen, wenn sie nicht im Rücken gesichert waren; was mußte aus ihnen werden, wenn sie an den siebenbürgischen Alpen festklebten, wie die Italiener an den krainischen, und die bulgarischen Legionen über die Donau herüberquollen? B u l g a r i e n w a r  d e r  S c h l ü s s e l  d e r  S i t u a t i o n, das erkannte der Reichskanzler mit voller Klarheit, und wenn es gelang, durch Serbien uns Bahn zu brechen, so war das auch die Brücke zur Türkei, zum Suezkanal, zum Euphrat. So setzte die deutsche Diplomatie ihre Hebel in Sofia an, wo man sich sagen mußte: unser Todfeind Serbien steht im Lager Rußlands; also ist unser Platz da, wo die deutschen Fahnen wehen. Durch Darlehen, welche Bulgarien in Deutschland erhielt, durch das Versprechen der Abnahme seiner reichen Getreideernten von 1914 und 1915, durch die Zusicherung Mazedoniens und vor allem durch unsere gewaltigen Siege wurde die bulgarische Regierung vollends gewonnen, und so erfolgte der moralisch, politisch und militärisch im höchsten Grad bedeutsame Anschluß des tapferen, 1913 tief gedemütigten und nach Rache lechzenden Volkes an Deutschland und seine Verbündeten. Es ist eine Pflicht der Wahrhaftigkeit festzustellen, daß dieser Erfolg vornehmlich der überlegenen Urteilskraft und dem zähen Willen des leitenden deutschen Staatsmannes verdankt wird.

Wie der Reichskanzler hier einen Bundesgenossen für uns gewann, so hat er andrerseits verhütet, daß ein neuer Feind gegen uns aufstand. Der Unterseebootkrieg gegen die britische Handelsflotte, unsere Antwort auf den berüchtigten Aushungerungsplan der Engländer, hatte zur Folge, daß am 7. Mai 1915 der 41 500 Registertonnen haltende Riesendampfer der Cunard-Linie L u s i t a n i a kurz nach 3 Uhr nachmittags, bei hellem Wetter, unweit der Südküste Irlands durch ein Unterseeboot torpediert wurde und sank. Dabei verloren ungefähr 1400 Menschen, worunter einige Amerikaner, das Leben. Obwohl die Lusitania neben ihrer Eigenschaft eines Passagierdampfers unzweifelhaft öfters auch als Schiff zur Beförderung von Schießbedarf benutzt worden war, den die Amerikaner trotz ihrer

Neutralität in ungeheuren Mengen an unsere Feinde lieferten, und obwohl der englische Gesandte in Bern am 21. Mai öffentlich zugestand, daß sie auch auf der letzten Fahrt Kriegsbedarf für England an Bord gehabt hatte; obwohl somit unser klares Recht zu ihrer Vernichtung feststand: so erregte der Vorfall doch die England ohnehin geneigte angelsächsische Bevölkerung der Vereinigten Staaten dermaßen, daß ein ernster Zwist drohte. Später wurde der Dampfer Arabic versenkt, wobei wieder ein paar Amerikaner umkamen. Nun konnte man mit vollem Recht sagen, daß Leute, welche sich an Bord solcher zu Kriegszwecken dienenden Schiffe begaben, sich selbst mutwillig der Todesgefahr aussetzten und nur erlitten, was sie selbst verschuldeten. Aber in den Vereinigten Staaten sah man die Sache eben nicht so an; hier verlangte man einfach, daß Deutschland Bürger neutraler Staaten nicht umbringe, und die englische Diplomatie und Presse tat alles, um den Gegensatz zu vertiefen. Das allein war schon ein Fingerzeig, welche Haltung wir einzunehmen hatten. Würde auch die letzte noch neutrale Großmacht, deren Präsident Wilson ohnehin Deutschland verständnislos gegenüberstand und ausschließlich von englischen Sympathien geleitet war, sich in Waffen gegen uns erhoben haben, so würde das zwar militärisch aus verschiedenen, auf der Hand liegenden Gründen nicht sehr viel bedeutet haben, moralisch aber um so mehr. Die Empfindung, daß alles sich zusammenschließe, um die deutschen Barbaren wie tolle Hunde niederzuschlagen, würde allgemein geworden sein, und wir hätten nicht erwarten dürfen, daß, wenn alle Großen sich gegen uns wandten, die Kleinen es anders machen sollten. Unsere ganze diplomatische Arbeit auf dem Balkan wäre vergeblich gewesen; Bulgarien hätte trotz allem, was es auf unsere Seite wies, sich uns zuzuwenden nicht gewagt. So entschloß sich der Reichskanzler einen den Vereinigten Staaten weit entgegenkommenden Schritt zu tun; er gab am 5. Oktober 1915 das Versprechen, daß Passagierdampfer nicht torpediert werden sollten, ohne daß sie vorher gewarnt würden, und unter der Voraussetzung, daß sie nicht unternehmen, sich dem anhaltenden deutschen Schiff durch Flucht zu entziehen. Handelsschiffe, auch solche der Vereinigten Staaten, die Bannware führen, werden nach wie vor auf Grund anerkannten Rechts versenkt. Mit diesen Zugeständnissen, welche nichts Demütigendes an sich hatten, erreichten wir eine gütliche Beilegung des Streits und das Verharren der Vereinigten Staaten in ihrer, freilich nach unserer Auffassung nicht einwandfreien Neutralität.

Der Reichskanzler unterließ nicht, neben den großen internationalen Fragen allem seine Aufmerksamkeit zuzuwenden, was dem öffentlichen Wohl dienlich sein konnte. An erster Stelle steht hier die Regelung der Ernährungsfrage durch die Brotkarten, wobei die Engländer bezeugt haben, daß sie in dem „Brotkartengeist" ihren gefährlichsten Feind sehen; die Nation hat sich der unter Leitung des Reichskanzlers geschaffenen großen und zweckvollen Organisation rückhaltlos zur Verfügung gestellt. Als unter Vorsitz des Breslauer Professors Julius Wolf sich am 18. Oktober 1915 in Berlin eine „Deutsche Gesellschaft für Bevölkerungswesen" bildete, die dem schon vor dem Krieg mit Sorge bemerkten Rückgang der Bevölkerung entgegenzuwirken sich vorsetzte, sprach v. Bethmann Hollweg durch eine Zuschrift sein volles Einverständnis und seine Bereitwilligkeit mitzuhelfen aus und entsandte zur Gründungsversammlung einen Vertreter. Eine kurze Anwesenheit in Berlin benützte er am 19. Oktober, um mit seinem Stellvertreter Delbrück die Maßregeln zur Lebensmittelversorgung und gegen die zunehmende Teuerung festzustellen, und auf eine Eingabe der sozialdemokratischen Fraktion erklärte er Ende November, daß er alles tun werde, die Preistreiberei mit allen Mitteln ohne Ansehen des Standes und Gewerbes zu beseitigen, daß die Frage aber dem inneren Parteigetriebe entrückt bleiben und der Opfersinn und Heldenmut, die Grundlage unserer bisherigen Erfolge, von allen Gemütern weiter gepflegt werden sollen; ein anderes Verhalten würde nur die Hoffnungen unserer Feinde stärken und den Krieg verlängern.

Die größten Aufgaben aber erwarten den Reichskanzler ohne Frage b e i dem Abschluß des Friedens und n a ch dessen Abschluß. Wenn über Frieden verhandelt werden wird, gilt es die richtigen Wege zu dem Ziel zu finden, über das wir alle einverstanden sind: der Sicherung des Vaterlandes vor einer Wiederkehr der diesmal überwundenen Gefahr. Wie wir Rußland, England, Frankreich außerstande setzen können, uns nochmals zu überfallen, das will reiflich erwogen und will mit Mäßigung und andererseits mit rücksichtsloser Tatkraft durchgeführt sein. In welcher Weise das elsaß-lothringische Problem zu lösen ist, nachdem die Verfassung von 1911 — auf Grund gewisser Erfahrungen im Krieg — selbst von den Elsäßern als nicht zweckmäßig erachtet wird, das muß unter unbedingter Voranstellung der Reichsinteressen gründlich geprüft und vor allem verhütet werden, daß nicht das Übel noch ärger werde. Und nach dem Frieden gilt es, die inneren Verhältnisse des Reichs neu zu ordnen, die Folgerungen aus der Tatsache zu ziehen, daß die Arbeiterbevölkerung in der Stunde der Not in ihrer ungeheuren Mehrheit treu und opferwillig zum Vaterland gestanden ist, den alten Schutt von Parteizank und Verbissenheit wegzuräumen, den Plan eines Neubaus zu entwerfen und ihn aufzuführen, und es gilt auch, die Kraft und Festigkeit Preußens, ohne welche wir nicht gesiegt hätten, auch unter den neuen Voraussetzungen ungeschwächt zu erhalten. Ein Riesenwerk, dessen Gelingen bei dem verantwortlichen Staatsmann wie bei der Nation, welche auf ihn mit Vertrauen blickt, ein ungeheures Maß von Einsicht, Klugheit, Mäßigung und Kraft erfordert. Hoffen wir, daß dem Manne, der so viel Patriotismus, so viel Ernst und Pflichttreue, so viel Zähigkeit und Einsicht bewährt hat, der große Wurf gelinge und sein Name dauernd mit der Gründung eines sieghaften, weltgewaltigen und friedlichen Deutschlands verbunden werde!

# SEVERUS Verlag

**Bisher im SEVERUS Verlag erschienen:**

**Achelis, Th.** Die Entwicklung der Ehe * Die Religionen der Naturvölker im Umriß, Reihe ReligioSus Band V * **Andreas-Salomé, Lou** Rainer Maria Rilke * **Arenz, Karl** Die Entdeckungsreisen in Nord- und Mittelafrika von Richardson, Overweg, Barth und Vogel * **Aretz, Gertrude (Hrsg)** Napoleon I - Briefe an Frauen * **Ashburn, P.M** The ranks of death. A Medical History of the Conquest of America * **Avenarius, Richard** Kritik der reinen Erfahrung * Kritik der reinen Erfahrung, Zweiter Teil * **Beneke, Otto** Von unehrlichen Leuten: Kulturhistorische Studien und Geschichten aus vergangenen Tagen deutscher Gewerbe und Dienste * **Berneker, Erich** Graf Leo Tolstoi * **Bernstorff, Graf Johann Heinrich** Erinnerungen und Briefe * **Bie, Oscar** Franz Schubert - Sein Leben und sein Werk * **Binder, Julius** Grundlegung zur Rechtsphilosophie. Mit einem Extratext zur Rechtsphilosophie Hegels * **Bliedner, Arno** Schiller. Eine pädagogische Studie * **Birt, Theodor** Frauen der Antike * **Blümner, Hugo** Fahrendes Volk im Altertum * **Brahm, Otto** Das deutsche Ritterdrama des achtzehnten Jahrhunderts: Studien über Joseph August von Törring, seine Vorgänger und Nachfolger * **Braun, Lily** Lebenssucher * **Braun, Ferdinand** Drahtlose Telegraphie durch Wasser und Luft * **Brunnemann, Karl** Maximilian Robespierre - Ein Lebensbild nach zum Teil noch unbenutzten Quellen * **Büdinger, Max** Don Carlos Haft und Tod insbesondere nach den Auffassungen seiner Familie * **Burkamp, Wilhelm** Wirklichkeit und Sinn. Die objektive Gewordenheit des Sinns in der sinnfreien Wirklichkeit * **Caemmerer, Rudolf Karl Fritz** Die Entwicklung der strategischen Wissenschaft im 19. Jahrhundert * **Casper, Johann Ludwig** Handbuch der gerichtlich-medizinischen Leichen-Diagnostik: Thanatologischer Teil, Bd. 1 * Handbuch der gerichtlich-medizinischen Leichen-Diagnostik: Thanatologischer Teil, Bd. 2 **Cronau, Rudolf** Drei Jahrhunderte deutschen Lebens in Amerika. Eine Geschichte der Deutschen in den Vereinigten Staaten * **Cunow, Heinrich** Geschichte und Kultur des Inkareiches * **Cushing, Harvey** The life of Sir William Osler, Volume 1 * The life of Sir William Osler, Volume 2 * **Dahlke, Paul** Buddhismus als Religion und Moral, Reihe ReligioSus Band IV * **Eckstein, Friedrich** Alte, unnennbare Tage. Erinnerungen aus siebzig Lehr- und Wanderjahren * Erinnerungen an Anton Bruckner * **Eiselsberg, Anton Freiherr von** Lebensweg eines Chirurgen * **Eloesser, Arthur** Thomas Mann - sein Leben und Werk * **Elsenhans, Theodor** Fries und Kant. Ein Beitrag zur Geschichte und zur systematischen Grundlegung der Erkenntnistheorie. * **Engel, Eduard** Shakespeare * Lord Byron. Eine Autobiographie nach Tagebüchern und Briefen. * **Ewald, Oscar** Nietzsches Lehre in ihren Grundbegriffen * Die französische Aufklärungsphilosophie * **Ferenczi, Sandor** Hysterie und Pathoneurosen * **Fichte, Immanuel Hermann** Die Idee der Persönlichkeit und der individuellen Fortdauer * **Fourier, Jean Baptiste Joseph Baron** Die Auflösung der bestimmten Gleichungen * **Frimmel, Theodor von** Beethoven Studien I. Beethovens äußere Erscheinung * Beethoven Studien II. Bausteine zu einer Lebensgeschichte des Meisters * **Fülleborn, Friedrich** Über eine medizinische Studienreise nach Panama, Westindien und den Vereinigten Staaten * **Gmelin, Johann Georg** Quousque? Beiträge zur soziologischen Rechtfindung * **Goette, Alexander** Holbeins Totentanz und seine Vorbilder * **Goldstein, Eugen** Canalstrahlen * **Graebner, Fritz** Das Weltbild der Primitiven: Eine Untersuchung der Urformen weltanschaulichen Denkens bei Naturvölkern * **Griesinger, Wilhelm** Handbuch der speciellen Pathologie und Therapie: Infectionskrankheiten * **Griesser, Luitpold** Nietzsche und Wagner - neue Beiträge zur Geschichte und Psychologie ihrer Freundschaft * **Hanstein, Adalbert von** Die Frauen in der Geschichte des Deutschen Geisteslebens des 18. und 19. Jahrhunderts * **Hartmann, Franz** Die Medizin des Theophrastus Paracelsus von Hohenheim * **Heller, August** Geschichte der Physik von Aristoteles bis auf die neueste Zeit. Bd. 1: Von Aristoteles bis Galilei * **Helmholtz, Hermann von** Reden und Vorträge, Bd. 1 * Reden und Vorträge, Bd. 2 * **Henker, Otto** Einführung in die Brillenlehre * **Kalkoff, Paul** Ulrich von Hutten und die Reformation. Eine kritische Geschichte seiner wichtigsten Lebenszeit und der Entscheidungsjahre der Reformation (1517 - 1523), Reihe ReligioSus Band I * **Kautsky, Karl** Terrorismus und Kommunismus: Ein Beitrag zur Naturgeschichte der Revolution *

www.severus-verlag.de

**Kerschensteiner, Georg** Theorie der Bildung * **Klein, Wilhelm** Geschichte der Griechischen Kunst - Erster Band: Die Griechische Kunst bis Myron * **Krömeke, Franz** Friedrich Wilhelm Sertürner - Entdecker des Morphiums * **Külz, Ludwig** Tropenarzt im afrikanischen Busch * **Leimbach, Karl Alexander** Untersuchungen über die verschiedenen Moralsysteme * **Liliencron, Rochus von / Müllenhoff, Karl** Zur Runenlehre. Zwei Abhandlungen * **Mach, Ernst** Die Principien der Wärmelehre * **Mausbach, Joseph** Die Ethik des heiligen Augustinus. Erster Band: Die sittliche Ordnung und ihre Grundlagen * **Mauthner, Fritz** Die drei Bilder der Welt - ein sprachkritischer Versuch * **Meissner, Franz Hermann** Arnold Böcklin * **Meyer, Elard Hugo** Indogermanische Mythen, Bd. 1: Gandharven-Kentauren * **Müller, Adam** Versuche einer neuen Theorie des Geldes * **Müller, Conrad** Alexander von Humboldt und das Preußische Königshaus. Briefe aus den Jahren 1835-1857 * **Oettingen, Arthur von** Die Schule der Physik * **Ostwald, Wilhelm** Erfinder und Entdecker * **Peters, Carl** Die deutsche Emin-Pascha-Expedition * **Poetter, Friedrich Christoph** Logik * **Popken, Minna** Im Kampf um die Welt des Lichts. Lebenserinnerungen und Bekenntnisse einer Ärztin * **Prutz, Hans** Neue Studien zur Geschichte der Jungfrau von Orléans * **Rank, Otto** Psychoanalytische Beiträge zur Mythenforschung. Gesammelte Studien aus den Jahren 1912 bis 1914. * **Ree, Paul Johannes** Peter Candid * **Rohr, Moritz von** Joseph Fraunhofers Leben, Leistungen und Wirksamkeit * **Rubinstein, Susanna** Ein individualistischer Pessimist: Beitrag zur Würdigung Philipp Mainländers * Eine Trias von Willensmetaphysikern: Populär-philosophische Essays * **Sachs, Eva** Die fünf platonischen Körper: Zur Geschichte der Mathematik und der Elementenlehre Platons und der Pythagoreer * **Scheidemann, Philipp** Memoiren eines Sozialdemokraten, Erster Band * Memoiren eines Sozialdemokraten, Zweiter Band * **Schlösser, Rudolf** Rameaus Neffe - Studien und Untersuchungen zur Einführung in Goethes Übersetzung des Diderotschen Dialogs * **Schweitzer, Christoph** Reise nach Java und Ceylon (1675-1682). Reisebeschreibungen von deutschen Beamten und Kriegsleuten im Dienst der niederländischen West- und Ostindischen Kompagnien 1602 - 1797. * **Sommerlad, Theo** Die soziale Wirksamkeit der Hohenzollern * **Stein, Heinrich von** Giordano Bruno. Gedanken über seine Lehre und sein Leben * **Strache, Hans** Der Eklektizismus des Antiochus von Askalon * **Sulger-Gebing, Emil** Goethe und Dante * **Thiersch, Hermann** Ludwig I von Bayern und die Georgia Augusta * Pro Samothrake * **Tyndall, John** Die Wärme betrachtet als eine Art der Bewegung, Bd. 1 * Die Wärme betrachtet als eine Art der Bewegung, Bd. 2 * **Virchow, Rudolf** Vier Reden über Leben und Kranksein * **Vollmann, Franz** Über das Verhältnis der späteren Stoa zur Sklaverei im römischen Reiche * **Wachsmuth, Curt** Das alte Griechenland im neuen * **Weber, Paul** Beiträge zu Dürers Weltanschauung * **Wecklein, Nikolaus** Textkritische Studien zu den griechischen Tragikern * **Weinhold, Karl** Die heidnische Totenbestattung in Deutschland * **Wellhausen, Julius** Israelitische und Jüdische Geschichte, Reihe ReligioSus Band VI * **Wellmann, Max** Die pneumatische Schule bis auf Archigenes - in ihrer Entwickelung dargestellt * **Wernher, Adolf** Die Bestattung der Toten in Bezug auf Hygiene, geschichtliche Entwicklung und gesetzliche Bestimmungen * **Weygandt, Wilhelm** Abnorme Charaktere in der dramatischen Literatur. Shakespeare - Goethe - Ibsen - Gerhart Hauptmann * **Wlassak, Moriz** Zum römischen Provinzialprozeß * **Wulffen, Erich** Kriminalpädagogik: Ein Erziehungsbuch * **Wundt, Wilhelm** Reden und Aufsätze * **Zallinger, Otto** Die Ringgaben bei der Heirat und das Zusammengeben im mittelalterlich-deutschem Recht * **Zoozmann, Richard** Hans Sachs und die Reformation - In Gedichten und Prosastücken, Reihe ReligioSus Band III